생각 없음
Mindlessness

소중한 마음을 담아

_____ 님께 이 책을 드립니다.

_____ 드림

생각 없음 Mindlessness

- 초판 1쇄 인쇄 2025년 9월 28일
- 초판 1쇄 발행 2025년 10월 2일

- 지은이 황영식
- 펴낸이 조유선
- 펴낸곳 누가출판사
- 등록번호 제315-2013-000030호
- 등록일자 2013. 5. 7
- 주소 서울시 강서구 공항대로 59다길 276(염창동)
- Tel 02-826-8802, Fax 02-6455-8805
- 정가 15,000원
- ISBN 979-11-85677-95-8

* 파본은 교환해 드립니다.
* 이 출판물은 저작권법에 의해 보호를 받는 저작물이므로 무단 복제할 수 없습니다.
* 독자의 의견을 기다립니다.
* sunvision1@hanmail.net

생각 없음
Mindlessness

C.S. 루이스의 스크루테이프의 편지 설명서

황영식 지음

추천서 1

C.S. 루이스는 판타지 시리즈 『나니아 연대기』를 집필했으며 월트디즈니 픽처스와 20세기 폭스가 7권 중 3권을 영화로 만들어 우리에게 이미 친숙하며 세계적으로 알려진 영국의 대 문호입니다. 그의 절친이자 동료인 『반지의 제왕』 작가 J.R.R 톨킨과 휴고 다이슨의 노력으로 기독교를 신화로 생각했던 루이스가 하나님을 믿게 된 것은 문학적으로도 기독교 변증학적으로도 전 세계에 지대한 영향을 미치게 됩니다.

그 중 대표적 변증학적 저서가 『스크루테이프의 편지』입니다. '만약 악마가 조언 편지를 쓴다면? 이라는 역발상으로' '사탄의 시각'으로 인간을 어떻게 무너뜨리는지 보여줌으로 오히려 그 전략을 간파하고 대적할 수 있도록 한 역설과 풍자가 넘치는 독특한 작품입니다.

문제는 시대를 초월한 통찰력과 지혜를 주는 이 책이

일반 성도가 읽기에 다소 어렵고 멀게 느껴질 때가 있다는 것입니다. 이번에 나온 이 설명서는 루이스의 깊이를 우리 시대의 언어로 풀어주어, 읽다 보면 "아, 이것 다 내 얘기네"라고 감탄을 하게 될 것입니다.

기독교인이지만 뭔가 늘 신앙에 대해 회의를 가지고 계신 분, 바쁜 일상 속에서 신앙의 초점을 잃고 있는 분, 영적 호흡을 회복하길 원하는 분, 이성적으로 기독교를 접하고 싶으신 분, 루이스의 이 멋진 책을 좀 더 선명하게 이해하고 싶었던 분, 이것을 어떻게 설교로 풀어낼지 고민하고 계셨던 목회자분들, 모두에게 '영적 각성제'인 이 책을 기쁜 마음으로 추천합니다.

김윤희 총장 FWIA 대표_횃불트리니티신학대학원대학교 6대 총장

추천서 2

C.S. 루이스가 1942년에 출간한 『스크루 테이프의 편지』는 오늘날 소위 '가나안 성도'라고 불리는 사람들이 교회를 멀리하는 구체적이고 명확한 원인들을 늙은 악마가 젊은 조카 악마를 유혹하는 전략이라는 형식으로 재미있게 서술한 기독교 풍자 문학입니다. 물론 C.S. 루이스는 개혁주의 신학의 입장에서는 비판의 여지가 있는 인물이지만 경건 생활에 관한 그의 통찰력은 탁월성을 부인하는 사람은 없다고 생각합니다. 황영식 목사님이 쉬운 언어로 해설하여 성도들이 영적 전쟁의 원리들을 쉽게 이해하여 영적 생활에 큰 유익을 주리라고 확신하며 적극 추천합니다.

피영민 목사_한국침례신학대학교 총장

추천서 3

생각 없음의 생각 — '설마'와 '대충'에서 벗어나 승리하는 삶

스크루테이프는 고참 악마예요. 그런데 이 악마의 사촌이 '설마'라는 사실을 아셨는지요? 모두들 '설마설마'하다가 당하죠. 거기다 고참 악마의 심복이 '대충'이에요. 모든 것을 대충하게 만들어요. 기도도 대충, 찬양도 대충, 아버지와 어머니의 역할도 대충... 모든 것이 대충이에요. 그래서 벌레 중의 벌레라 불려요. 본명이 '대충'大蟲이죠.

생각조차 대충해요. C.S. 루이스는 이를 '생각 없음'이라 했어요. 소설가와 문학가인 그에게 따라붙는 것은 언제나 기독교 변증가였어요. 그가 황영식 목사님을 만나면서 책이 심장을 되찾고 날개를 단 셈이에요. 번역에 편역까지 오롯이 황 목사님의 몫이라 더 반갑네요.

우선 단문 형태의 서술이 술술 읽혀져요. 주일 학생까

지 읽고 토론할 수 있는 명저가 탄생한 셈이에요. 배치된 질문은 이 책의 뇌와도 같아요. 고참 악마에 의해 '생각 없음'으로 대낮에 코 베어 가듯 뇌를 거세당한 신앙인들에게 '생각 없음의 생각'으로 재탄생의 기적을 선물해 주니까요. 질문(?)이 가져다준 느낌표(!), 우리는 이것을 '물음느낌표(?)'라 불러요. 상상초월 감탄사인 거죠.

자녀들과 함께하는 가정예배, 청소년의 창의성 성경공부, 청장년들에게 사색思索이 있는 토론마당의 교재가 된 것에 손뼉 치며 응원하고 싶었어요. 이 또한 황 목사님의 인문학적 성찰이 가져다준 기획이라 더 기쁘기만 하네요.

송길원 목사_하이패밀리 대표, 동서대학교 석좌교수

추천서 4

"지옥으로 가는 길은 갑자기 무너지는 절벽이 아니라, 눈에 띄지 않는 부드러운 경사로다." 설교 시간에 자주 들었던 이 경고는, 영적 순례의 길을 걷는 우리 모두에게 울리는 나팔 소리입니다. 그 말의 주인공은 우리에게 너무나 친숙한 C.S. 루이스입니다.

그가 쓴 『스크루테이프의 편지』는 단순한 기독교 고전이 아니라, 믿음의 여정 속에서 마주하는 일상의 작은 미혹들을 분별하게 하고 우리를 깨어나게 하는 '영적 죽비'와 같은 책입니다. 이번에 새롭게 출간된 해설서는 그 깊은 메시지를 누구나 이해하고 자신의 신앙생활에 적용할 수 있도록 쉽고 흥미롭게 풀어주었고, 개인 묵상뿐 아니라 소그룹 나눔에 유익한 성찰 질문도 담고 있습니다.

기독교 진리에 대한 호기심이 있는 분, 믿음의 여정에서 잠시 멀어지신 분, 그리고 주님과 더 깊이 동행하길 원하시는 모든 분께 이 책을 권합니다. 이 책이 여러분의 걸음을 다시금 주님께로 향하게 하는 이정표가 되길 바랍니다.

이전호 목사_충신교회

추천서 5

C.S. 루이스는 당대의 탁월한 지성이자 획기적인 커뮤니케이터였습니다. 그의 『스크루테이프의 편지』는 딱딱한 신학을 벗어나 사탄의 관점에서 인간의 연약함을 통렬하게 풍자하며 수많은 이들의 영적 눈을 뜨게 했습니다. 이제 황영식 목사님께서 이 명저에 생생한 현대적 숨결을 불어넣으셨습니다. 이 책은 단순한 주석서를 넘어, 루이스의 깊은 통찰을 오늘날 한국 교회의 언어로 명쾌하게 풀어낸 귀한 '설명서'입니다.

오늘날 우리는 영적 전쟁의 개념을 지나치게 신비화하거나, 반대로 완전히 외면하는 극단에 서 있습니다. 이 책은 바로 그런 모호함 속에서 길을 잃은 이들에게 명확한 지침을 제시합니다. 우리 마음속에 도사리고 있는 교만, 게으름, 절망과 같은 악마의 가장 교묘한 유혹들을 복음의 빛으로 드러내고, 그에 맞서는 실제적인 영적 전투의 기술을 가르쳐 줍니다. 목회자들과 성도들, 특히 세상의 유혹에 흔들리기 쉬운 다음 세대에게는 진정한 영적 분별력을 길러줄 것입니다.

저는 이 책이 단순히 한 권의 좋은 책으로 남지 않기를 기도합니다. C.S. 루이스가 그랬듯, 이 책이 한류의 열풍 속에서 '킹 오브 킹즈'와 같은 새로운 콘텐츠를 만들어내는 현대판 커뮤니케이터들을 일으키는 씨앗이 되기를 소망합니다. 비록 기독교 작품은 아니지만, '케이팝 데몬스 헌터스'가 전 세계를 휩쓸었던 것처럼, 복음의 진리를 담아 문화적 영향력을 펼치는 코리안 변증가들이 이 책을 통해 용기를 얻었으면 합니다. 황영식 목사님의 탁월한 묵상과 통찰이 담긴 이 책이야말로, 이 시대를 살아가는 우리에게 절실한 영적 무기가 될 것입니다.

고직한 선교사

추천서 6

오늘날 교회는 조용히, 그러나 끈질기게 밀려드는 영적 무감각과 무관심의 시대를 맞이하고 있습니다. 사람들은 더 이상 하나님을 부정하지 않지만, 하나님에 대해 '생각하지 않으며' 살아갑니다. 바로 이 지점에서 황영식 목사님의 신간 『생각 없음』은 C.S. 루이스의 고전 『스크루테이프의 편지』를 현대의 영적 전선 위에 실천적으로 풀어낸 탁월한 안내서입니다.

이 책은 단순한 해설서가 아닙니다. 시대의 언어로 번역된 영적 전쟁의 매뉴얼이며, 깨어 있는 신앙을 회복하기 위한 훈련서입니다. 저자는 루이스의 통찰을 바탕으로, 바쁜 일상에 파묻혀 하나님을 잊고 사는 현대 신자들의 모습을 날카롭게 포착하고, 어떻게 하면 그 무감각의 안개를 뚫고 다시금 '하나님을 의식하는 삶'으로 돌아갈 수 있을지 매우 실용적이고 목회적인 접근을 시도합니다.

현대 교회는 영적 전쟁에 대해 점점 무지해지고 있습니다. 이 책은 성도들이 일상에서 겪는 사탄의 전략을 구체적이고 실제적으로 풀어주며, 각 장마다 '나눔 질문'을 통해 깊은 성찰과 삶의 변화를 유도합니다. 그래서 교회를 떠난 이들, 시험 중인 이들에게 더 설득력 있게 다가가서 다시 하나님의 임재로 나아가도록 도와주는 '영적 일깨움'의 도구입니다.

C.S. 루이스의 고전은 깊이와 철학이 담긴 명저이지만, 일반 성도들에게는 다소 난해할 수 있습니다.『생각 없음』은 그 고전의 핵심을 간결하고 실감나게 재구성하여, 누구나 공감하고 적용할 수 있도록 다가갑니다. 명확한 주제, 깊은 통찰, 실제적인 적용.『생각 없음』은 부담 없이 읽히지만 읽고 난 후에는 삶을 흔드는 메시지를 남깁니다. 전도, 양육, 소그룹, 새신자 교육, 선물용 등 다양한 용도로 매우 유익합니다.

이 책을 목회 현장에 있는 모든 동역자와 성도들에게, 특히 회의에 빠진 이 시대의 '가나안 성도'들에게 기꺼이 추천합니다.

김한원_빛과소금교회 위임목사

추천 7

도슨트Docent 란 사람이 있습니다. 도슨트는 박물관이나 미술관에서 관람객에게 작품의 의미, 시대적 배경, 작가의 의중 등을 쉽게 설명하고 해설해 줍니다. 관람객 입장에서는 대충 지나갈 수 있는 작품이 새롭게 느껴지고 풍성한 이해를 얻게 됩니다. 관람객에게 탁월한 도슨트는 축복입니다. 황영식 목사님이 집필하신 스크루테이프의 편지 설명서를 읽으며 황 목사님은 기독교 고전에 대한 탁월한 도슨트 같다는 생각이 들었습니다.

『스크루테이프의 편지』는 20세기 최고의 기독교 변증가인 C.S. 루이스의 대표 저서입니다. 악마계의 고참인 스크루테이프란 이름의 악마가 풋내기 조카 악마인 웜우드에게 쓴 31개의 편지의 형태로 쓴 고전입니다.

황 목사님의 설명서는 마치 군더더기 없고 오직 실력으로 승부하는 탁월한 도슨트의 설명 같습니다. 황 목사님은 스크루테이프의 편지의 각 챕터마다 중심사상을 정확하게 짚어줍니다. 그리고 그 내용을 알기 쉽게 풀어서 설명하고 해설해 줍니다. 또한 적절한 성경 말씀을 기준으로 제시하면서 성경적 다림줄을 내려주고 있습니다. 게다가 문장은 간결하면서도 쉽고 선명합니다.

스크루테이프의 편지를 이렇게 풍성하게 읽을 수 있는 설명서가 또 있을 수 있을까요? 제 주변의 모든 이들에게 이 책을 추천하고 싶습니다.

현철호 목사_백운교회

추천 8

살아가게 도와주는 얼음냉수와 같은 책

수험생 공부를 도와주는 참고서가 지금이야 다양해졌지만, 과거에는 영어는 S-종합영어, 수학은 H-수학(정석)이 전부였습니다. 열심히 공부하다가 해석되지 않는 문장과 풀리지 않는 난해한 문제 앞에, 혼자 끙끙대며 어쩔 줄 몰라 헤매는 일도 많았습니다. 그때 내용을 풀어 설명해 주는 참고해설서를 보면, 사막에서 만난 오아시스와 같이 단번에 문제 해결의 기쁨을 경험하게 됩니다.

마찬가지로 너무 좋은 책이지만 때로는 어려워 해석이 안 되고, 이해해도 어떻게 삶에 적용해야 할지 막연했던 C.S. 루이스의 명저 『스크루테이프의 편지』가 〔생각 없음:스크루테이프의 편지 설명서〕로 황 목사님을 통해 우리에게 오게 된 것은 얼음냉수(잠 25:13)와도 같은 시원함과 기쁨을 줍니다.

이 책은 현대 교회 성도들과 특별히 유혹의 중심에 서 있는 많은 청년들에게 영적 싸움의 중요성을 이해시키고, 생각하며 묵상하는 힘을 길러줄 뿐 아니라, 삶에 바로 적용해 살아가도록 영적 가이드가 되어 주는 놀라운 책입니다.

어느 때보다 영적 분별력이 필요한 지금 시대에 얼음냉수와 같은 탁월한 설명서인 이 책을 통해, 많은 청년과 성도들이 영적 무감각에서 깨어나 풍성한 삶을 누리게 되기를 간절히 기도하고 소망합니다.

조세영 목사_청학교회

목차

추천서 • 6
서문 • 26

스크루테이프의 편지 1
'거대한 죄'보다 더 무서운 '작은 분주함' … 33
1. 이성의 문을 닫아라 – "생각하지 못하게 하라" • 35
2. 영원을 잊게 하라 – "지금에만 집중하게 하라" • 37
3. 일상의 평범함으로 무장하라 – "자극보다 습관을 공략하라" • 39

스크루테이프의 편지 2
믿음의 초기를 흔드는 악의 전략 … 45
1. 이상과 현실의 충돌을 이용하라 – "기대했던 교회가 아니다" • 47
2. '외모'에 집중하게 하라 – "눈에 보이는 교회에 실망하게 하라" • 49
3. 현실에만 묶어 두라 – "보이는 것만 보게 하라" • 51

스크루테이프의 편지 3
가장 가까운 사람을 통해 공격 … 55
1. 기도를 이용해 정죄하게 하라 – "기도하면서 정죄하는 법을 가르쳐라" • 57
2. 말투를 왜곡하여 갈등을 증폭시켜라 – "단어보다 말투를 타격하게 하라" • 59
3. 영혼을 감정에 묶어 둬라 – "영적 실재보다 감정에 집중하게 하라" • 63

스크루테이프의 편지 4
기도, 그 거룩한 교신을 방해함 ··· 67
1. 외형적 기도에 머물게 하라 – "마음 없는 입술의 기도" · 69
2. 감각에 의존하게 하라 – "하나님이 멀리 계신 것처럼 느끼게 하라" · 70
3. 기도의 내용보다 자세에 집착하게 하라 – "형식의 덫" · 72

스크루테이프의 편지 5
지옥이 기대한 전쟁, 그러나 하나님이 설계하신 반전 ··· 77
1. 고통은 영혼을 깨우는 가장 강력한 경종이다 · 79
2. 죽음은 마귀의 무기가 아니라, 하나님이 여시는 문이다 · 82
3. 지옥이 웃는 순간, 천국은 일하기 시작한다 · 84

스크루테이프의 편지 6
미래의 안개 속에 묶인 영혼들 ··· 91
1. 미래의 공포에 마음을 빼앗기게 하라 – "상상 속 고통은 현실보다 무겁다" · 93
2. 두려움으로 인간을 현실로부터 이탈하게 만들라 – "현재를 무력화시키는 전략" · 95
3. "현재의 의무"를 경시하게 하라 – "현실 도피로 신앙을 흐리게 하는 전략" · 97

스크루테이프의 편지 7
복음의 깃발을 들어야 할 자리에, 정치의 깃발 ··· 103
1. "신앙을 수단으로, 정치를 목적으로" – 마귀의 첫 번째 전략 • 105
2. "보이지 않는 적(사탄) 대신, 보이는 적을 미워하게 하라" – 마귀의 두 번째 전략 • 107
3. "교회를 정치 집단으로 바꿔라" – 마귀의 세 번째 전략 • 109

스크루테이프의 편지 8
하나님이 안 보이는 순간에도, 하나님은 나를 빚으심 ··· 113
1. 고저의 리듬은 하나님의 창조 질서다 • 115
2. 침체기야말로 신앙의 진실이 드러나는 시간이다 • 117
3. 사탄은 리듬의 "저점"을 왜곡하여 우리를 쓰러뜨리려 한다 • 119

스크루테이프의 편지 9
마귀는 영적 슬럼프와 쾌락을 왜곡시킴 ··· 125
1. 마귀는 "지루함과 건조함" 속에서 일한다 • 127
2. 마귀는 "쾌락의 방향"을 왜곡한다 • 129
3. 마귀는 "과거의 후회"와 "미래의 공포"를 통해 현재를 훔친다 • 131

스크루테이프의 편지 10
가면을 쓴 신앙 : 세속적 우정이 영혼을 좀먹을 때 ··· 137
1. 세속적 인간관계는 신앙의 방향을 바꾼다 • 139
2. 가면을 오래 쓰면 진짜 얼굴이 사라진다 • 141
3. 진리를 부끄러워하는 순간, 마귀가 웃는다 • 143

스크루테이프의 편지 11
아무 일도 일어나지 않아 보이는 유혹 … 149
1. 하나님을 의식하지 않게 하라 - "무관심으로 조여오는 덫" • 151
2. 조금씩, 조용히 멀어지게 하라 - "경사 없는 지옥의 길" • 153
3. 자각 없이 죽게 하라 - "영혼을 마취시키는 전략" • 155

스크루테이프의 편지 12
잃어버린 회복의 기회에 대하여 : 마귀가 가장 두려워하는 순간 … 161
1. 회개는 마귀의 계산을 무너뜨리는 하나님의 반격이다 • 162
2. 평범함 속에 하나님의 임재가 있다 • 164
3. 마귀는 정욕이 아니라 습관 속에서 유혹한다 • 166

마무리
1. 조용히, 그러나 치명적으로 죽어가는 영혼에 대한 보고서 • 170
2. 영혼을 분산시키는 사탄의 전략 • 175
3. 파도가 치는 그 순간, 하나님의 일하심 • 182

서문

『스크루테이프의 편지』는 20세기 최고의 변증학자인 C.S. 루이스의 깊은 통찰력이 담겨있는 책입니다. 이 책은 고참 악마인 스크루테이프가 자신의 조카인 신참 악마인 웜우드에게 보내는 31개의 편지로 구성되어 있습니다. 각각의 편지는 하나의 유혹 전략이며, 일상적인 신앙생활 안에서 우리가 얼마나 교묘한 시험에 노출되어 있는지를 보여줍니다. 저자는 악마에 대한 사람들의 2가지 오류를 말합니다.

첫 번째는 악마의 존재 자체를 믿지 않는 것.
두 번째는 악마에게 과민하게 관심을 집중하는 것.

'전설의 고향'(한국 호러영화)에서처럼, 마귀는 하얀 소복을 입고, 피를 뚝뚝 흘리며 관에서 일어나는 모습으로 나타나지 않습니다. 이렇게 나타나면 차라리 대처하기가 쉽습니다. 마귀의 특징은 드러내지 않는 것입니다. 오히려 교묘하게 생각지도 못한 방법으로 인간의 생각과 심리를 이용합니다. 이 책을 통해 숨겨진 악마의 전술과 패턴을 간파하길 바랍니다.

 오늘날 우리는 과잉 정보의 시대에 살고 있습니다. 수많은 뉴스, 유튜브, SNS, 실시간 피드백, 디지털 자극… 모든 것이 우리의 '주의력'을 훔치고 있습니다. 우리는 생각하는 사람이라기보다, 반응하는 사람입니다. 깊이 있는 사유보다, 순간의 감정에 휘둘리는 존재가 되어가고 있습니다.

 루이스는 이 현상을 정확히 꿰뚫었습니다. "논쟁하지 마라. 설득하지도 마라. 그냥 산만하게 만들어라." 악마는 인간이 바르게 생각하는 것 자체를 싫어합니다. 왜냐하면 '깊은 생각'은 결국 하나님께로 이어지기 때문입니다.

 이 책의 제목인 『생각 없음』은 단순한 무지가 아닙니다. '주의 깊은 방심', '영적 무감각', '경건의 형식은 있으나 능력은 없는 상태'를 뜻합니다. 조용한 분주함 속에서 하나님을 잊고, 사소한 일들에 몰두하며, 영혼의 소리를 묻어버리는 상태, 그것이 바로 '스크루테이프'가 가장 선호하는 환경입니다.

이 책은 루이스의 상상력이 빚어낸 '영적 전쟁 보고서'입니다. 동시에, 우리의 생각과 삶을 비추는 '영적 거울'입니다. 이 책을 읽으면, 우리는 어느새 자신이 '그 환자' the patient 임을 깨닫게 됩니다.

이 책은 단숨에 읽기 위한 책이 아닙니다. 매 편지마다 멈추어야 합니다. 그리고 자신에게 질문해야 합니다. "나는 지금 어디에 정신이 팔려 있는가?" "나는 하나님을 생각하고 있는가, 아니면 '생각하지 않고' 있는가?" "나는 '신앙생활'을 하고 있는가, 아니면 '신앙 분위기' 속에 살아가고 있는가?"

『스크루테이프의 편지』는 우리 삶에 침투한 '작은 분주함'의 파괴력을 폭로합니다. 그것은 마치 시계의 태엽을 조금씩 풀 듯, 우리가 모르는 사이에 믿음의 긴장을 놓게 만듭니다. 하루하루가 쌓여 인생이 됩니다. 생각하지 않은 하루가, 결국 '하나님을 잊어버린 인생'이 됩니다. 이 책은 그 무서운 여정을 추적하고 멈추게 하기 위한 설명서입니다. 스크루테이프의 전략을 알면, 웜우드의 속삭임을 경계하게 됩니다. 그리고 그때, 우리는 비로소 다시 하나님을 생각하기 시작합니다. 주님은 지금도 '깨어 생각하는 자'를 찾고 계십니다. 생각 없음에서 깨어남으로, 대충의 습관에서 분별의 영성으로, 방심의 길에서 믿음의 길로, 이 책이 그 첫걸음이 되기를 간절히 바랍니다.

이 책의 목적을 다섯 가지로 정리했습니다.

첫째, 오늘날 많은 성도가 영적 전쟁의 실체를 인식하지 못한 채 무감각한 삶을 살아가고 있습니다. 이 책은 그러한 현실 속에서 성도들에게 교회 안팎에서 점점 흐려지는 영적 감각을 깨우는, 실전적인 영적 교육서로 활용되기를 기대합니다.

둘째, 시험에 들었거나 신앙에서 멀어진 이들, 이른바 '가나안 성도'들에게 따뜻한 회복의 손길이 될 수 있는 책을 만들고자 했습니다. 이 책은 그들에게 정죄가 아닌 이해와 공감의 언어로 다가가, 신앙을 다시 붙들 수 있도록 돕는 선물이 되기를 바랍니다.

　셋째, C.S. 루이스의 『스크루테이프의 편지』는 영적 통찰의 보고이지만, 많은 평신도에게는 내용이 어렵고 해석이 필요한 책입니다. 본서는 그 내용을 오늘날의 언어와 상황에 맞게 쉽게 풀어낸 설명서로, 루이스의 깊이를 잃지 않으면서도 독자의 눈높이에 맞춘 안내서입니다.

　넷째, 짧고 쉽지만 결코 가볍지 않은 책을 만들고자 했습니다. 짧은 시간 안에 읽을 수 있으면서도 깊은 영적 분별력과 경각심을 줄 수 있는 내용으로 구성하여, 교회 교육용, 전도용, 선물용으로 누구나 부담 없이 전할 수 있는 작고도 강력한 영적 매뉴얼이 되기를 소망합니다.

　다섯째, 이 책은 영적 전쟁의 치열한 현장에 있는 선교사님들께 실질적인 무기가 될 수 있는 교재로도 쓰이기를 바랍니다. 짧지만 깊이 있는 이 해설서는 선교 현장의 동역자들에게 나눠주기 좋은 영적 지침서로 추천드립니다.

　이 책이 세상에 나오기까지, 따뜻한 격려와 귀한 추천

으로 함께해 주신 분들이 계십니다. 무엇보다, '스크루테이프의 전략'이라는 어려운 글에 새로운 생기를 불어넣을 수 있도록 기도로 함께해 주신 빛으로교회 성도 여러분께 깊이 감사드립니다. 또 지성과 영성을 겸비하신 피영민 총장님의 깊은 신뢰와 응원, 한국 교회 일의 신학의 길을 열어주신 김윤희 총장님의 따뜻한 격려, 복음에 대한 열정과 실천적 코칭 훈련으로 본이 되어주신 이전호 목사님의 신실한 추천, 한국 교회 부흥에 기초를 놓으신 고직한 선교사님의 귀한 응원, 감성적 언어와 통찰력 있는 메시지로 세대를 이끄시는 송길원 목사님의 깊은 공감, 다음 세대를 향한 열정과 진실된 목회로 감동을 주시는 김한원 목사님의 온유한 권면, 말씀 중심의 신학과 균형 잡힌 복음적 사역으로 길을 제시해주신 조세영 목사님의 따뜻한 신뢰, 묵묵히 자리에서 진리를 붙들며 사역하시는 현철호 목사님의 조용한 뒷받침, 말씀 중심의 해석과 적용으로 설교의 본질을 회복시키고 계신 김도균 목사님의 믿음 있는 지지, 목회의 본질에 충실한 김시백 목사님의 사랑, 그리고 교회를 향한 애정과 깊은 신학의 말씀으로 감동을 주시는 임원주 목사님의 기도, 진리를 붙잡고 최선을 다하시는 김대희 목사님의 사랑, 어려운 가운데서도 늘 모범을 보여주시는 양승훈 목사님의 기도, 또한 묵묵히 교정과 조언을 아끼지 않은 동역자들, 이름 없이 빛도 없이 수고해 주신 편집팀, 이 책의 탄생을 가능케 하신, 통찰과 헌신의 정종현 목사님의 결정적 기여에 깊은 감사를 드립니다. 목사님의 사려 깊은 조언과 따뜻한 격려가 없었다면 이 책은 빛을 보지 못했을 것입니다. 그리고 무엇보다 저의 글을 가장 먼저 읽어 주고, 기도로 함께 울고 웃어준 아내 이선순 그리고 성민, 지민, 유민에게 이 자리를 빌려 깊은 사랑과 감사를 전합니다. 끝으로, 독자 여러분이 이 책을 통해 삶의 한가운데서도 '영적 깨어 있음'의 감각을 되찾고, 다시금 하나님 앞에서 생각하고, 분별하고, 결단하는 은혜를 누리시기를 간절히 기도합니다.

모든 영광은 오직 하나님께
2025년 8월
은혜가 흐르는 강가에서, 한 문장씩 길어 올리며
황영식

스크루테이프의 편지 1

'거대한 죄'보다
더 무서운
'작은 분주함'

"사탄은 당신이 죄를 짓게 만들기보다,
 하나님을 생각하지 않게 만들면 만족한다."

이 말은 C.S. 루이스의 『스크루테이프의 편지』를 관통하는 핵심입니다. 고참 악마 스크루테이프는 조카 웜우드에게 충고합니다.

"논쟁하거나 설득하려 들지 말아라. 그냥 그를 산만하게 만들어라."

그리스도인이 죄에 무너지기 이전에 가장 먼저 무너지는 것은 깨어 있는 정신입니다. 사탄이 어떻게 우리의 영혼을 조용히, 그러나 확실히 무너뜨리는지를 살펴보겠습니다.

1. 이성의 문을 닫아라 – "생각하지 못하게 하라"

악마는 인생에서 가장 중요한 진리를 지나치게 합니다. 교묘하게 진리를 생각하지 못하는 상황을 만들어냅니다. 바쁘게 만듭니다. 가벼운 일에 흥분하게 만듭니다. 아킬레스근을 가장 적절한 타이밍에 터트립니다. 우선을 차선으로 생각하게 합니다. 그래서 일상적인 생활 속에 파묻히게 합니다.

스크루테이프(사탄)는 이렇게 말합니다.

"너의 환자(인간)가 철학적 질문이나 진리 탐구에 빠지려고 하면, 그를 즉시 '점심시간'이나 '오늘의 뉴스'를 떠올리게 만들어라."

이는 곧 "생각하지 못하게 하라"는 전략입니다. 사람이 진리와 의미를 추구할 때, 그것은 결국 하나님을 향하는 문이 되기 때문입니다.

성경은 말합니다.

여호와를 경외하는 것이 지혜의 근본이요 거룩하신 자를 아는 것이 명철이니라 잠 9:10

악마는 바로 이 '지혜'의 첫걸음을 막습니다. 인간이 하나님에 대해 묻지 않도록, "이게 정말 진리일까?"를 생각하기도 전에 "밥 먹을 시간이야"라고 속삭입니다.

한 대학생이 예배 중에 눈물을 흘리며 회개하려 합니다. 그 순간 친구에게서 메시지가 옵니다.

"지금 카페 갈래?"

그는 결국 자리에서 일어나 하나님보다 친구를 선택합니다. 스크루테이프의 전략은 단순합니다. '논쟁'이나 '유혹'이 아닙니다. 단지 '방해'일 뿐입니다. 성령께서 마음을 두드릴 때, 다른 생각, 다른 자극, 다른 일정으로 그 문을 잠그는 것입니다.

사람이 시험을 받을 때에... 오직 각 사람이 시험을 받는 것은 자기 욕심에 끌려 미혹됨이니 약 1:13,14

생각이 끊긴 자리에는 결국 자기 욕심만이 자라납니다.

2. 영원을 잊게 하라 – "지금에만 집중하게 하라"

스크루테이프는 이렇게 조언합니다.

"환자가 너무 고상하거나 종말론적인 생각을 하지 않게 하라. '현실적인 사람'이 되게 하라."

이는 매우 교묘한 전략입니다. 현대인은 흔히 '현실적인 사람'이 칭찬받는다고 생각합니다. 하지만 루이스는 말합니다.

"사탄은 현실이라는 이름으로 영원을 지우려 한다."

성경은 이렇게 말합니다.

하나님이 모든 것을 지으시되 때를 따라 아름답게 하셨고 또 사람들에게는 영원을 사모하는 마음을 주셨느니라 그러나 하나님이 하시는 일의 시종을 사람으로 측량할 수 없게 하셨도다 전 3:11

이 영원에 대한 갈망은 인간의 본능입니다. 그런데 사탄은 이 갈망을 당장의 필요, 오늘의 일정, 이달의 카드값, 뉴스 속 정치 이슈로 덮어버리게 만듭니다. 예수님은 가르치셨습니다.

너희는 먼저 그의 나라와 그의 의를 구하라 그리하면 이 모든 것을 너희에게 더하시리라 마 6:33

스크루테이프는 이 말씀을 거꾸로 뒤집습니다.

"먼저 너의 현실을 챙겨라. 영적 문제는 나중에 해도 돼."

하늘 나라를 바라보며 달리던 한 사람이 있었습니다. 그의 발 밑에 떨어진 지갑 하나... 그는 멈추어 그 지갑을 줍고, 그것을 열고, 돈을 세기 시작했습니다. 그리고 그는 하늘을 바라보던 시선을 잃어버렸습니다. 오늘날 우리의 삶도 마찬가지입니다. 뉴스, 휴대폰, 세금 납부, 건강검진 예약… 이 모든 것이 잘못된 것이 아닙니다. 그러나 그것들만 보게 될 때, 우리는 영원을 잃어버립니다. 사탄은 말합니다.

"그가 하늘을 바라보지 않게 하라. 단지 바닥만 보게 하라."

3. 일상의 평범함으로 무장하라 – "자극보다 습관을 공략하라"

"... 웜우드야 무슨 일이 있어도 인간들의 시선을 감정과 느낌의 흐름에 붙들어 두어야 한다. 그것이야말로 가장 중요한 삶이라고 믿도록 가르쳐라. 절대로 인간들과 논쟁하지 말아라. 잘못하면 인간들의 이성이 잠을 깰 수 있으니까. 수세기 동안 우리가 쉬지 않고 노력해 온 덕분에 사람들은 눈앞에서 나타나는 일상에 정신이 팔려, 영적인 세계와 신의 존재를 믿지 않게 되었단다. 계속해서 인간들에게 현재의 상황에만 몰입하도록 만들거라. 계속해서 환경과 사물이라는 일상성을 주입하거라..."

사탄은 강조합니다.

"요즘 시대엔 굳이 논쟁할 필요도, 유혹할 필요도 없다. 단지 '산만하게 만들고, 반복되는 일상'에 빠뜨리면 된다."

이것이 바로 "현대적 악마의 전략입니다." 죄책감도, 회개도, 변화도 일어나지 않게 하는 무감각의 습관화입니다. 사람들은 큰 죄에는 민감합니다. 그러나 "기도를 미루는 습관", "말씀 읽기를 건너뛰는 반복"에는 둔감합니다. 그렇게 한 달이 가고, 일 년이 가면 신앙은 죽어갑니다. 사탄은 말합니다.

"그가 매일 비슷한 하루를 반복하게 하라. 생각 없이 눈을 뜨고, 생각 없이 먹고, 생각 없이 일하고, 생각 없이 잠들게 하라."

근신하라 깨어라 너희 대적 마귀가 우는 사자 같이 두루 다니며 삼킬 자를 찾나니 너희는 믿음을 굳건하게 하여 그를 대적하라 이는 세상에 있는 너희 형제들도 동일한 고난을 당하는 줄을 앎이라
벧전 5:8,9

베드로는 '마귀'가 활동한다는 사실을 경고하면서 깨어 있으라고 말합니다. 그러나 마귀는 그 깨어있음조차 일상 속 산만함으로 가리려 합니다. 예배 시간에 한 성도가 말씀에 은혜를 받습니다. 그때 알람이 울립니다. "장보기 목

록 작성하라." 그는 즉시 성경을 덮고, 메모장을 엽니다. 그의 마음은 다시 땅에 묶입니다.

스크루테이프의 전략은 악을 범하게 하는 것이 아니라, 선에 무관심하게 하는 것입니다. 기도를 하지 않아도, 말씀을 보지 않아도, "그래도 나는 괜찮다"는 생각이 들게 만드는 것, 그것이야말로 악의 걸작입니다.

큰 죄보다 더 무서운 '생각 없음'

C.S. 루이스는 악마의 가장 정교한 무기를 말해줍니다. 그것은 "거대한 유혹"이 아니라, "작은 분주함"입니다. "악행"이 아니라, "무관심"입니다.

마귀는 거칠게 다가오지 않습니다. 조용히, 부드럽게, 일상 속에서 당신의 정신을 마비시키고, 당신의 영혼을 "깨어 있음"에서 "무감각"으로 밀어 넣습니다. 그것은 마치 안개처럼 들어옵니다. 모르는 사이에 시야를 가리고, 방향 감각을 잃게 합니다. 그리고 어느 순간, 하나님의 음

성도 들리지 않게 됩니다.

> 너희는 이 세대를 본받지 말고 오직 마음을 새롭게 함으로 변화를 받아 하나님의 선하시고 기뻐하시고 온전하신 뜻이 무엇인지 분별하도록 하라 **롬 12:2**

사탄의 속삭임은 오늘도 여전합니다.

"지금은 그냥 밥 먹자. 말씀은 나중에 읽어도 돼."

그러나 우리는 그것을 분별해야 합니다. 우리의 영혼을 깨우는 방법은 단 하나, 하나님의 말씀 앞에 서는 것입니다.

나눔

1. 나는 오늘 하루, 얼마나 자주 하나님의 존재를 의식했습니까?

2. 기도와 말씀을 방해한 작은 산만함은 무엇입니까?

3. "지금"에만 묶여 "영원"을 잊고 살고 있지는 않습니까?

스크루테이프의 편지 2

믿음의 초기를
흔드는
악의 전략

겉모습에 실망하게 하라, 그리고 현실에 매이게 하라.

"교회에 갔습니다. ... 그런데 실망했습니다."

많은 사람이 이런 말을 합니다.

"처음 교회에 갔는데요. ... 기대와는 너무 달랐어요."
"사람들이 너무 평범하고, 목사님의 설교도 별로였어요."
"제가 상상했던 교회와는 달랐어요."

신앙의 초기에 교회와 현실의 차이로 인해 실망하게 만드는 전략, 그것이 바로 사탄의 교묘한 작전입니다. 스크루테이프(선배 사탄)는 조카 웜우드(초보 사탄)에게 말합니다.

"너의 환자가 교회에 다니기 시작했다는 소식을 들었다. 그것은 위험한 조짐이다. 그러나 아직 낙심하지 마라. 그의 기대와 현실 사이의 간극을 이용하면 된다."

1. 이상과 현실의 충돌을 이용하라 – "기대했던 교회가 아니다"

스크루테이프는 신앙을 시작한 사람이 가지는 첫 기대에 주목합니다. 그는 말합니다.

"너의 환자는 이제 신자가 되었고, 교회에 가기 시작했다. 다행히도 그는 '눈에 보이지 않는 교회'가 아니라 '눈에 보이는 교회'에 갔다."

여기서 루이스는 아주 중요한 신학적 통찰을 던집니다. 인간은 '보이지 않는 거룩한 교회'를 꿈꾸지만, 실제로 마주하는 것은 평범하고 연약한 인간 공동체입니다. 이 간극은 때로는 너무 커서, 신앙을 시작한 사람에게 커다란 시험이 됩니다. 사람들은 교회에 가면 '성자들', '천사 같은 사람들', '완벽한 공동체'를 기대합니다. 그러나 현실은 어떤가요? 험담하는 사람, 관심 없는 리더, 지루한 예배, 어색한 분위기입니다. 스크루테이프는 이 현실을 불만과 실망의 기회로 바꾸라고 조언합니다.

성경도 이와 같은 상황을 보여줍니다. 예수님께서 공생애 기간에 함께 하신 제자들은 완전하지 않았습니다. 베드로는 충동적이었고, 요한은 분노했고, 유다는 탐욕스러웠습니다. 그럼에도 예수님은 이 불완전한 공동체를 통해 하나님의 나라를 세우셨습니다.

> 우리가 이 보배를 질그릇에 가졌으니 이는 심히 큰 능력은 하나님께 있고 우리에게 있지 아니함을 알게 하려 함이라 **고후 4:7**

한 청년이 처음 교회를 찾습니다. 큰 기대를 안고 들어선 교회에는 생각보다 늙고, 지친 사람들이 많습니다. 찬양은 촌스럽고, 설교는 너무 평범합니다. 실망한 그는 집으로 돌아가며 이렇게 말합니다.

"이게 교회야?"

그의 마음속에 스크루테이프의 속삭임이 들려옵니다.

"여긴 네가 있을 곳이 아니야. 떠나도 괜찮아."

그러나 진리는 말합니다.

"사람을 보지 말고, 하나님을 보라. 교회는 성자들의 모임이 아니라, 죄인이 은혜를 구하는 자리다."

2. '외모'에 집중하게 하라 – "눈에 보이는 교회에 실망하게 하라"

스크루테이프는 교회 성도들의 외모, 목소리, 행동, 버릇, 내 마음에 들지 않음 등 작고 사소한 외적인 요소들에 주목하게 하라고 조언합니다. 그는 말합니다.

"그의 옆에 앉은 할머니의 옷차림을 비웃게 하고, 뒤에서 기도하는 사람의 목소리를 이상하게 느끼게 하라."

이것은 마치 예수님 당시 사람들이 그분을 알아보지 못

한 이유와 같습니다.

> 그는 주 앞에서 자라나기를 연한 순 같고 마른 땅에서 나온 뿌리 같아서 고운 모양도 없고 풍채도 없은즉 우리가 보기에 흠모할 만한 아름다운 것이 없도다 **사 53:2**

사람들은 외모와 겉모습, 형식과 분위기로 교회를 판단하려 합니다. 그러나 하나님은 중심을 보십니다. 하나님은 다윗을 택하시면서 사무엘에게 말씀하셨습니다.

> ... 사람은 외모를 보거니와 나 여호와는 중심을 보느니라 **삼상 16:7**

한 여성이 큰 기대를 품고 예배에 참석했습니다. 하지만 뒤에 앉은 사람이 계속 기침을 하고, 찬양대는 박자를 틀리며, 목사님의 설교는 어눌하고 단조로웠습니다. 그녀는 실망했고, 다시는 교회에 가지 않았습니다. 그러나 그녀가 놓친 것은 바로 그 예배 가운데 계셨던 하나님이었습니다. 스크루테이프는 "하나님은 잘 안 보이지? 그럼 됐어. 사람들만 보게 해." 하고 속삭입니다. 하지만 예수님은 말씀하십니다.

> 두세 사람이 내 이름으로 모인 곳에는 나도 그들 중에 있느니라
> 마 18:20

예배의 핵심은 사람의 겉모습이 아니라, 하나님의 임재입니다. 마귀는 그것을 흐리게 만들고, 겉에 집중하게 만듭니다.

3. 현실에만 묶어 두라 – "보이는 것만 보게 하라"

스크루테이프는 신자의 사고방식을 물질 중심, 감각 중심, 세속 중심으로 제한하려고 합니다. 그는 조카에게 이렇게 조언합니다.

"신자가 이제부터는 '현실적인 것들'에만 관심을 가지게 만들어라. 눈에 보이고, 들리고, 계산되는 것들만 중요하게 여기게 하라."

이것은 매우 현대적인 전략입니다. 오늘날 세상은 실용성, 경제성, 효율성, 가시성을 추구합니다. 신앙도 그렇게 소비됩니다. 기도 응답이 안 오면 신앙을 포기하고, 교회

봉사가 힘들면 그만두고, 헌신이 대가로 이어지지 않으면 회의합니다. 사탄은 이렇게 속삭입니다.

"봐라. 네가 헌신해도 뭐가 달라졌니? 세상이랑 똑같잖아."

그러나 성경은 말합니다.

믿음은 바라는 것들의 실상이요 보이지 않는 것들의 증거니 히 11:1

우리가 주목하는 것은 보이는 것이 아니요 보이지 않는 것이니 보이는 것은 잠깐이요 보이지 않는 것은 영원함이라 고후 4:18

한 청년이 열심히 기도하고, 전도하며, 봉사했습니다. 하지만 그의 삶은 여전히 힘들었고, 기도의 응답은 없었습니다. 그는 점점 냉소적으로 변했고, '이게 무슨 의미가 있나?'라고 생각했습니다. 그의 곁에서 스크루테이프는 조용히 웃습니다.

"현실이 모든 것이다. 응답 없는 기도는 헛수고야."

하지만 하나님은 말씀하십니다.

"나 여호와는 보이지 않는 가운데서도 일하고 있다."

우리가 보지 못한다고 해서 하나님이 일하지 않으시는 것이 아닙니다. 믿음은 보이지 않는 것을 신뢰하는 능력입니다.

믿음의 초기를 흔드는 악의 전략을 분별하라

저자는 신앙생활의 첫걸음을 내딛는 이들이 맞이하는 시험을 다룹니다. 그것은 다름 아닌 실망입니다. 교회에 대한 실망, 사람에 대한 실망, 기대와 현실 사이의 간극입니다. 사탄은 그것을 이용해 신앙을 꺾고, 공동체를 떠나게 하고, 영혼을 마비시키려 합니다. 하지만 하나님은 말씀하십니다.

나의 의인은 믿음으로 말미암아 살리라 또한 뒤로 물러가면 내 마음이 그를 기뻐하지 아니하리라 하셨느니라 히 10:38

나눔

1. 나는 교회 공동체 안에서 실망한 적이 있습니까? 그 실망은 나를 어떻게 변화시켰습니까?

2. 나는 예배와 신앙생활을 할 때, 겉모습보다 하나님의 임재를 바라봅니까?

3. '보이는 현실'에만 매여 '보이지 않는 하나님'을 놓치고 있지는 않습니까?

스크루테이프의 편지 3

가장 가까운
사람을 통해
공격

사랑이 깃들어야 할 가정, 왜 가장 큰 전쟁터가 되는가?

신앙을 시작한 '환자'(회심한 성도)가 같은 집에 사는 어머니와의 갈등을 겪고 있습니다. 스크루테이프는 이 틈을 파고들어 조카 웜우드에게 말합니다.

"그의 기도를 어머니를 위한 기도로 위장하게 하고, 실제로는 그녀의 단점만 부각하도록 유도해라."

"그의 말투가 공격적으로 들리도록 왜곡하고, 어머니의 말은 냉소적으로 들리게 왜곡하라."

이 장은 우리에게 두 가지 중요한 교훈을 줍니다.

첫째, 영적 전쟁은 가장 가까운 관계 속에서 시작된다.
둘째, 기도마저도 자기중심적으로 변질될 수 있다.

1. 기도를 이용해 정죄하게 하라 - "기도하면서 정죄하는 법을 가르쳐라"

스크루테이프는 웜우드에게 "환자가 어머니를 위해 기도하게 하라"고 말합니다. 하지만 여기엔 숨겨진 함정이 있습니다. 그 기도가 '사랑'이 아닌 '정죄'가 되도록 유도하는 것입니다.

"그의 기도가 어머니의 단점, 곧 성격, 말투, 습관, 예민함 등 구체적인 부분에 집중하게 하라. 그리하여 기도가 끝난 후엔, 그는 더 깊은 경건함이 아니라 더 깊은 우월감에 빠지게 될 것이다."

예수님은 기도에서 '자신의 의'를 드러내는 자를 경고하셨습니다.

바리새인은 서서 따로 기도하여 이르되… 나는 다른 사람들 곧 토색, 불의, 간음을 하는 자들과 같지 아니하고… 나는 이레에 두 번씩 금식하고… 눅 18:11,12

그러나 정작 하나님께 의롭다 인정받은 사람은 세리였습니다.

… 하나님이여 불쌍히 여기소서 나는 죄인이로소이다 눅 18:13

사탄은 환자가 '어머니를 위해 기도하면서도', 사실은 그녀를 속으로 정죄하고 비판하게 만들려는 전략을 씁니다.

한 청년이 말합니다.

"하나님, 저희 어머니가 너무 잔소리가 많고, 민감하시고, 고집도 세고… 저를 힘들게 하십니다. 어머니를 바꿔주세요."

그의 기도는 '사랑'이 아닌 '지적'으로 가득 차 있습니다. 사탄은 웃으며 속삭입니다.

"그래, 계속 그렇게 기도해. 어머니의 잘못을 인식하고 너는 점점 '경건한 사람'이 되겠지."

그러나 진정한 기도는 자신이 먼저 바뀌는 기도입니다.

너희는 먼저 그의 나라와 그의 의를 구하라 마 6:33

2. 말투를 왜곡하여 갈등을 증폭시켜라 – "단어보다 말투를 타격하게 하라"

사탄은 인간의 의사소통에서 일어나는 미묘한 왜곡을 지적합니다. 환자의 말은 '조용하고 친절하게' 들리지만, 어머니의 귀에는 '차가운 위협'처럼 들립니다. 반대로 어머니의 말은 '걱정과 사랑'이 담겨있지만, 아들에게는 '잔소리와 비판'으로 들립니다. 사탄은 말합니다.

"네 환자가 말하는 '기도의 목소리'는 실제로 자만심에 찬 경멸로 들릴 수 있다. 그런 기도는 어머니를 변화시키지 않고, 오히려 상처만 줄 것이다."

유순한 대답은 분노를 쉬게 하여도 과격한 말은 노를 격동하느니라 잠 15:1

가정 내 갈등은 '내용'보다 '태도'에서 비롯됩니다. 부드러운 말조차도, 오만한 말투와 섞이면 상처의 칼날이 됩니다. 어느 대학생이 어머니와 대화 중에 이렇게 말합니다.

"엄마, 제발 저한테 그런 식으로 말하지 마세요."

말은 공손하지만, 눈빛과 말투는 싸늘하고 공격적입니다. 어머니는 억울하게 느끼고, 방으로 들어가 문을 닫습니다. 이후, 둘의 관계는 점점 단절되어 갑니다. 사탄은 웃으며 말합니다.

"아주 잘하고 있어. 말의 '내용'은 신앙적인데, 말의 '형식'은 냉소적이고 공격적이지. 그게 바로 갈등의 핵심이야."

성경은 말합니다.

> 사람에게서 나오는 그것이 사람을 더럽게 하느니라 **막 7:20**

말의 본질은 '표현'이 아니라 '심령의 상태'입니다.

마귀는 가족 간의 아픈 데를 찌르게 하고 상대방의 신경을 긁어대는 습관을 익숙하게 만듭니다. 가장 중요한 기본 의무는 등한시하고, 영적인 일에만 집중하게 합니다. 반드시 해야 할 일은 뒤로 미루어 놓고, 자신의 심리상태에만 집중하게 합니다.

"... 오랜 시간 영적인 기도만 하게 하거라. 어머니의 류머티즘에 대해서는 일언반구도 하지 않으면서 그 영혼의 상태만 가지고 걱정하도록 하거라. 그러면 몇 가지 증상이 나타나지. 그는 어머니의 죄에 대해서만 생각하고 있기 때문에 어머니가 조금만 자기에게 불편한 행동을 하면 무조건 죄로 여기게 될 것이다. 어머니의 문제가 죄 때문이라는 영적인 해석을 하게 되지. 재미있는 것은 자신에게는 잘못이 없다고 생각한다는 것이다."

"... 가족이 오랜 세월을 함께 살다 보니 서로 거슬리는 말투나 표정이 생기게 마련이다. 그 점을 절대 놓치지 말아야 한다. 너의 친구(아들)는 어렸을 때부터 어머니가 눈을 치켜올리는 표정을 굉장히 싫어했지. 그 표정을 부각시켜라. 그러면 친구(아들)도 어머니를 향하여 똑같은 표정을 지을 것이다. 재미있는 것은 말다툼이 벌어질 때마다 각자 자기는 잘못이 없다고 은근히 확신을 하고 있다는 것이다."

마귀는 서로에게 거슬리는 억양과 표정을 확대해석하게 만듭니다. 과민하게 반응하게 만듭니다. 실망과 좌절로 유도합니다. 멀리 떨어져 있는 영적인 문제를 보게 함으로써 현실을 못 보게 만듭니다.

현재의 고통을 끌어안으려는 노력이 있어야 합니다. 실제 사건과 감정을 분별할 수 있는 지혜가 필요합니다. 서로 간의 대화와 협상이 필요합니다. 두 사람이 해결이 안 된다면 주위의 도움을 받아야 합니다.

새 계명을 너희에게 주노니 서로 사랑하라 내가 너희를 사랑한 것 같이 너희도 서로 사랑하라 요 13:34

3. 영혼을 감정에 묶어 둬라 – "영적 실재보다 감정에 집중하게 하라"

스크루테이프는 기도가 '정신적 습관'에 갇히게 하라고 조언합니다. 즉, 하나님을 실제 존재로 대하지 않고, 감정적 명상이나 추상적인 관념에 머물도록 하라는 전략입니다.

"네 환자가 무릎 꿇고 손을 모을 때, 그 모습 자체가 경건함이라고 착각하게 하라. 그러나 그의 생각은 산만하게 흩어지고, 그가 마주하는 하나님은 환상에 불과하게 만들어라."

예수님께서 말씀하셨습니다.

너희는 이렇게 기도하라 하늘에 계신 우리 아버지여... 마 6:9

기도는 하나님이라는 인격적 대상 앞에서의 대화입니다. 하지만 마귀는 기도를 '혼잣말'이나 '정신 훈련'처럼 만들려 합니다.

한 자매가 이렇게 말합니다.

"기도를 해도 잘 집중이 안 되고, 뭔가 형식적인 느낌이 들어요. 때론 내가 누구한테 말하고 있는지도 모르겠어요."

스크루테이프는 속삭입니다.

"그거야말로 내가 원하는 거야. 하나님이 '진짜'가 아니라 '상상 속 존재'가 되면, 그 기도는 너의 독백일 뿐이니까."

그러나 바울은 "하나님은 우리의 아빠, 아버지시라… 우리는 성령으로 말미암아 하나님을 '아바, 아버지'라 부르며 가까이 나아갈 수 있다."(롬 8:15) 이렇게 말합니다.

가장 친밀한 공간에서 벌어지는 가장 치열한 전쟁

저자는 가정, 특히 부모와 자녀 사이에서 일어나는 갈등을 매우 예리하게 보여줍니다. 그리고 그 갈등 뒤에는 단지 성격 차이만이 아니라, 악한 영적 존재의 전략적인 공격이 숨어 있음을 경고합니다. 그래서 기도가 정죄의 도구가 되지 않도록, 말이 사랑이 아닌 공격이 되지 않도록, 하나님을 실제로 대하는 기도가 되도록 우리는 늘 깨어 있어야 합니다.

> 너희 대적 마귀가 우는 사자 같이 두루 다니며 삼킬 자를 찾나니 너희는 믿음을 굳건하게 하여 그를 대적하라 **벧전 5:8,9**

1. 나는 기도할 때 가족의 단점만을 떠올리고 있지 않습니까?

2. 내 말투와 태도는 복음을 전하는 도구입니까? 아니면 상처를 주는 무기입니까?

3. 기도할 때 나는 실제 인격적 하나님과 만나고 있습니까? 아니면 형식과 추상 속에 머물고 있습니까?

스크루테이프의 편지 4

기도,
그 거룩한 교신을
방해함

침묵 속의 싸움

C.S. 루이스는 사탄이 기도라는 거룩한 수단을 어떻게 왜곡하고 방해할 수 있을지에 대해 노골적으로 그려냅니다. 이 편지를 읽는 우리는 역으로 그리스도인의 가장 깊은 무기이자 생명의 통로인 기도의 본질과 실천을 다시 점검하게 됩니다. 현대인의 삶은 **빠릅니다**. 번잡하고 산만합니다. 그러나 우리의 영혼은 여전히 하나님의 음성을 듣고자 기다리고 있습니다. 루이스가 제시한 스크루테이프의 교묘한 기도 방해 전략을 바탕으로, 기도의 본질을 회복하고, 성경적 기도 생활을 되찾아야 합니다.

1. 외형적 기도에 머물게 하라 – "마음 없는 입술의 기도"

또 기도할 때에 이방인과 같이 중언부언하지 말라 그들은 말을 많이 하여야 들으실 줄 생각하느니라 마 6:7

스크루테이프는 이렇게 말합니다.

"우리의 목표는 그 환자(성도)가 하나님께 말하고 있다는 환상에 빠지게 만드는 것이다."

그러면서 그는 "마치 기도하는 척하면서 실제로는 자기 내면에 말하는 것"에 만족하도록 유도하라고 조언합니다. 이것은 마치 전화를 걸어놓고 상대방이 듣고 있다는 착각 속에 혼자 말하는 것과 같습니다. 저자는 "진짜 하나님이 아닌 상상 속 하나님에게 말하게 하라"는 악마적 조언을 통해, 우리가 얼마나 기도를 형식적 습관으로 타락시키는지를 경고합니다.

어느 청년이 고객센터에 전화를 걸었습니다. 전화를 걸어놓고 3분간 불만을 쏟아낸 후 전화를 끊었습니다. 그러나 나중에 알고 보니 그는 실제 상담사와 연결되지 않고 음성 안내를 듣고 있었을 뿐이었습니다. 우리는 얼마나 자주 하나님과 연결되지 않은 채 우리의 불안, 계획, 종교적 습관만을 혼잣말로 토해내는가요?

기도는 '의식을 행하는 것'이 아니라 '관계 안에서 교제하는 것'입니다. 하나님은 말 많은 기도가 아니라, 마음이 담긴 고백을 듣기 원하십니다. 우리는 기도할 때, 우리의 상상 속 하나님이 아닌, 말씀에 계시된 하나님께 나아가야 합니다.

2. 감각에 의존하게 하라 – "하나님이 멀리 계신 것처럼 느끼게 하라"

그러므로 우리는 긍휼하심을 받고 때를 따라 돕는 은혜를 얻기 위하여 은혜의 보좌 앞에 담대히 나아갈 것이니라 **히 4:16**

"… 최선의 방책은 아예 진지한 기도를 하지 못하게 하는 것이다. 좀 어렵긴 할 것이다. 초신자들은 대상과 경건한 기분을 가지고 기도하려고 할 것이다. 조카 마귀야 그냥 기분만 맞추어 주면 된다. 약간 흥분하게도 하고, 슬프게도 하면서 스스로의 감정에서 벗어나지 못하도록 하기만 하면 된다. 이들은 자신의 두려움 해결만을 위해서 기도할 것이다. 자신의 고통과 문제만을 놓고 기도할 것이다. 가끔 감동받게 응답도 주어라. 그러면 영혼의 문제보다는 문제 해결과 자신의 성취에만 집중할 것이다. …"

사탄은 말합니다.

"환자에게 기도는 '진짜 하나님께 나아간다'는 확신보다, '그저 생각하는 느낌'으로 남도록 유도하라."

즉, 기도는 실제 하나님의 임재와 교제를 경험하는 것이 아니라, 단지 자기 자신과의 감정 놀이로 제한하라는 것입니다. 이는 매우 위험한 왜곡입니다. 기도는 현실입니다. 영적 실제입니다. 그러나 마귀는 우리가 그것을 '느낌'에 의존하도록 유도합니다. "하나님이 들으시는지 모르겠어요." "기도해도 감정이 아무렇지 않아요."라는 말을 하게 만듭니다.

비 오는 날, 하늘은 어둡고 태양은 보이지 않습니다. 하지만 그것은 태양이 사라진 것이 아니라, 구름이 가렸을 뿐입니다. 우리의 감정이 하나님의 존재를 느끼지 못하게 해도, 하나님은 여전히 보좌에 계시며 우리의 기도를 듣고 계십니다.

하나님은 감정이 아닌 믿음으로 접근해야 합니다. '하나님이 들으시는지 모르겠다'는 감정은 믿음으로 싸워야 할 대상입니다. "느껴지지 않아도 기도하라. 하나님은 변함없이 가까이 계신다"(시 145:18).

3. 기도의 내용보다 자세에 집착하게 하라 – "형식의 덫"

이와 같이 성령도 우리의 연약함을 도우시나니 우리는 마땅히 기도할 바를 알지 못하나 오직 성령이 말할 수 없는 탄식으로 우리를 위하여 친히 간구하시느니라 롬 8:26

기도는 하나님과 마음을 나누는 대화입니다. 그런데 사탄은 이 기도를 어렵게 만듭니다. 예를 들어, "무릎을 꿇지 않으면 진짜 기도가 아니야." "목사님처럼 멋있게 기도해야 돼." "기도는 배우고 하는 거야."라고 속삭입니다. 그러면 사람은 하나님께 집중하지 못하고, '내 자세가 맞나!' 하는 생각에만 사로잡히게 됩니다. 기도는 점점 어렵고 부담스러운 일이 되고, 기도에 의문을 갖게 되고, 결국은 아예 기도를 멈추게 됩니다. 사탄은 이렇게 기도를 '마음의 대화'가 아니라 '형식적인 예식'처럼 느끼게 만듭니다. 하지만 하나님은 우리의 자세보다 우리의 진심을 원하십니다. 기도는 올바른 자세도 중요하지만 진실한 마음이 더 중요합니다.

기도의 회복이 모든 것의 회복

스크루테이프는 환자가 실제 하나님이 아니라 자기 상상 속의 '하나님 이미지'에 기도하게 만들라고 조언합니다. 그는 기도를 단순한 감정적 체험이나 분위기 조성으로 오해하도록 유도하라고 말합니다. 환자가 기도 중에 하나님의 실재보다 자기 감정 상태에만 집중하게 만드는 것이 목표입니다. 또한 '기도 자세는 중요하지 않다'는 생각을 부추겨, 영적 태도마저 흐려지게 만듭니다. 사탄은 사람들이 실제 하나님과의 인격적인 만남 대신 '내면적 몽상'에 머물게 하려 합니다. 그 결과, 기도는 점점 힘을 잃고, 환자는 하나님과 멀어지게 됩니다. 루이스는 이를 통해, 진실한 기도는 사탄이 가장 두려워하는 영적 무기임을 역설적으로 보여줍니다.

또 기도할 때에 이방인과 같이 중언부언하지 말라 그들은 말을 많이 하여야 들으실 줄 생각하느니라 그러므로 그들을 본받지 말라 구하기 전에 너희에게 있어야 할 것을 하나님 너희 아버지께서 아시느니라 그러므로 너희는 이렇게 기도하라 하늘에 계신 우리 아버지여 이름이 거룩히 여김을 받으시오며 나라가 임하시오며 뜻이 하늘에서 이루어진 것 같이 땅에서도 이루어지이다 **마 6:7,10**

나눔

1. 나는 하나님께 드리는 기도를 형식적으로 반복하고 있지는 않습니까?

2. 내 감정에 따라 기도의 진위를 판단하고 있지는 않습니까?

3. 기도의 자세나 분위기에 집착하며 본질을 놓치고 있지는 않습니까?

스크루테이프의 편지 5

지옥이 기대한 전쟁, 그러나 하나님이 설계하신 반전

전쟁은 단지 국가의 싸움이 아니다
- 영혼의 각성이다

"마귀는 전쟁에서 승리를 꿈꾼다. 하지만 하나님은 그 전쟁 한 복판에서 영혼을 부르신다."

사탄은 유럽에서 벌어진 전쟁이 시작되자 기쁨에 찬 편지를 보내며 환호합니다. 그러나 곧바로 경고합니다. "그 기쁨은 취기와 같다. 한 잔의 피를 맛보고 취했지만, 진짜 축제는 아직 오지 않았다." 저자는 이 장을 통해 전쟁이라는 비극적 현실을 악마의 시각으로 보여주면서, 그 속에 감추어진 하나님의 은혜를 독자들이 발견하도록 유도합니다. 전쟁은 인간이 본능적으로 두려워하지만, 하나님은 그 두려움조차 구원의 기회로 바꾸시는 분이십니다.

1. 고통은 영혼을 깨우는 가장 강력한 경종이다

전쟁과 같은 국가적 고난은 개인뿐만이 아니라, 가족, 나라 전체가 달려 있는 중요한 상황입니다. 한 개인의 영혼이 하나님께로 가느냐 아니면 악마의 손아귀에 들어가느냐가 달려있습니다. 사탄의 전략을 들어보십시오.

"... 사랑하는 조카야. 네가 지난번에 보낸 업무보고서를 보고 좀 실망했다. 너는 유럽에서 인간들이 전쟁을 시작했다는 소식에 '너무 기뻐서 미치겠어요'라고 썼더구나. 단순하게 생각하지 말아라. 전쟁은 우리에게 치명적인 상황이 될 수 있다는 것을 명심하거라. 물론 전쟁 속에는 잔인함과 성적 타락이 있긴하지... 하지만 조심하지 않으면 오히려 이런 고난을 통하여 수천 명의 인간들이 원수(예수)에게 돌아설 수도 있다는 것을 명심하거라."

마귀의 특징은 탁월한 전략가라는 것입니다. 무대포로 덤비지 않습니다. 최후 승리를 위하여 작전과 전략을 가지고 있습니다. 그래서 우리도 준비해야 합니다. 하늘의 지혜로 준비해야 합니다. 예수님의 십자가로 준비해야 합니다. 고난을 해석할 수 있어야 합니다. 고난 가운데서 하나님의 섭리를 확신해야 합니다.

"전쟁은 인간의 삶을 혼란케 하지만, 그 속에서 인간의 영혼은 하나님의 모종의 섭리를 깨닫게 될 것입니다."

사탄은 전쟁으로 인해 인간들이 죽는 것을 반가워하지만, 그 죽음의 문턱에서 사람들이 하나님을 진지하게 찾기 시작하는 것을 극도로 싫어합니다. 전쟁은 인생의 안개를 걷어내고, 죽음이라는 현실을 더 가까이 느끼게 합니다. 그 결과, 평소에 무관심했던 하나님을 진지하게 생각하게 됩니다.

저자는 전쟁을 "영혼의 각성을 불러오는 비상벨"로 묘사합니다. 전쟁이라는 극심한 고통과 죽음 앞에서, 인간은 비로소 자기 존재의 본질을 묻게 됩니다. 사탄은 이런 상황이 마음에 들지 않습니다. 왜냐하면 고통 속에서 사람들이 하나님을 찾기 때문입니다. 사탄은 말합니다.

"전쟁은 인간의 고통을 일으키지만, 그 고통 속에서 그들이 자신보다 높은 가치를 발견하고 그것을 위해 살기 시작하면, 우리의 일은 어려워진다."

그러나 주님은 말씀하십니다.

한 알의 밀이 땅에 떨어져 죽지 아니하면 한 알 그대로 있고 죽으면 많은 열매를 맺느니라 요 12:24

고난 당한 것이 내게 유익이라... 시 119:71

전쟁은 땅을 갈아엎는 쟁기와 같습니다. 흙이 깨어지고 짓밟히지만, 그 위에 떨어진 복음의 씨앗은 더 깊이 심겨 열매를 맺습니다. 고통이 내 영혼을 흔들 때, 나는 무엇을 바라봅니까? 평안할 때보다 고난 중에 하나님을 더 깊이 찾고 있습니까?

2차 세계대전 당시, 독일의 한 병사가 전투 중 심각한 부상을 입었습니다. 그는 야전병원에서 누워 있다가 '나는 이제 죽겠구나' 생각하며 평생 무시하던 어머니의 기도를 떠올립니다. 그 순간, 그는 조용히 "하나님, 나도 그 기도의 대상이 될 수 있습니까?"라고 속삭였습니다. 그는 살아났고, 후에 목사가 되었습니다. 평안할 때 나는 하나님을 얼마나 진지하게 생각하고 있습니까? 고통을 겪을 때 그것을 하나님과의 만남의 기회로 바꾸고 있습니까?

2. 죽음은 마귀의 무기가 아니라, 하나님이 여시는 문이다

"사탄은 죽음을 기뻐하지만, 믿음 안의 죽음은 그에게 재앙이다."

"스크루테이프는 죽음을 통제할 수 없다는 사실에 분노한다."

전쟁은 많은 죽음을 만들어냅니다. 사탄은 죽음을 좋아하지만, 그 죽음이 회심의 기회가 될까 봐 두려워합니다. 그는 죽음을 "영혼을 파괴하는 무기"로 만들고 싶지만, 하나님은 죽음을 "영생의 문"으로 바꾸십니다.

사탄은 전쟁 속에서 사람들이 대량으로 죽는 것을 기대

하지만, 그 죽음들이 대부분 "준비된 죽음"이라는 사실에 실망합니다. 사탄은 말합니다.

"사람들이 준비된 상태로, 그들이 믿는 가치를 위해 죽는다면… 우리에게는 아무런 이익이 되지 않는다."

주님은 말씀하십니다.

몸은 죽여도 영혼은 능히 죽이지 못하는 자들을 두려워하지 말라 마 10:28

사망아 너의 승리가 어디 있느냐 고전 15:55

죽음을 두려워하는 자는 폭풍 속에서 방향을 잃은 배와 같습니다. 그러나 그리스도인은 그 폭풍 속에서도 '등대'가 되는 십자가를 바라보며 항해합니다.

2020년, 이탈리아에서 코로나19로 병원도 부족하고, 목회자도 갈 수 없던 상황에서, 한 기독 간호사가 성경을 읽으며 죽어가는 환자의 손을 잡고 이렇게 말했습니다.

"예수님이 당신을 기다리고 계세요. 당신은 혼자가 아닙니다."

그는 고개를 끄덕이고 마지막 숨을 거두었습니다. 간호사는 눈물을 흘리며 말했습니다.

"오늘, 한 영혼이 죽음의 문을 통해 생명으로 들어갔습니다."

몸은 죽여도 영혼은 능히 죽이지 못하는 자들을 두려워하지 말고... 마 10:28

나는 부활이요 생명이니... 요 11:25

나는 죽음을 종말로 생각하고 있습니까, 아니면 시작으로 생각하고 있습니까?

3. 지옥이 웃는 순간, 천국은 일하기 시작한다

"하나님은 전쟁 중에도 은혜의 군대를 파송하신다."

사탄은 전쟁이 인간의 삶을 혼란스럽게 하고, 신앙을 약화시키기를 기대합니다. 하지만 아이러니하게도, 전쟁(고통)은 사람들이 더 많이 기도하게 만들고, 더 자주 예배드리게 하며, 더 진실하게 하나님을 찾게 합니다.

마귀는 바람을 일으켰지만, 하나님은 그 바람으로 돛을 펴셨습니다. 사탄은 폭탄을 떨어뜨렸지만, 하나님은 그 폭탄 소리 속에 '회개의 종소리'를 숨겨두셨습니다. 인간이 가장 연약할 때, 하나님의 은혜는 가장 강력하게 임합니다.

사탄(스크루테이프)은 인간이 전쟁 중에 진정한 용기, 희생, 이타성, 회개와 같은 '하늘의 미덕'을 경험하게 되는 것을 무서워합니다. 그는 말합니다.

"우리는 인간이 자기 이웃에 대해 자비를 가지는 것이 싫다. 우리는 원수를 멀리 있는 사람에게 두고, 증오는 가까운 이웃에게 집중되도록 해야 한다."

세상에서는 너희가 환난을 당하나 담대하라 내가 세상을 이기었노라 **요 16:33**

환난은 인내를, 인내는 연단을, 연단은 소망을 이루는 줄 앎이로다 **롬 5:3-5**

전쟁 중 지하 피난처에서 예배를 드리는 성도들은 총성보다 더 큰 목소리로 찬양을 불렀습니다. 그 가운데 한 어린아이는 이렇게 기도했습니다.

"하나님, 나쁜 사람들도 무섭지만, 하나님이 우리와 함께 계시면 두렵지 않아요."

이 단순한 믿음이 마귀에게는 가장 큰 위협입니다.

전쟁은 마귀의 무기가 아니라 하나님의 도구가 될 수 있다

전쟁은 마치 갑자기 몰아닥친 거센 폭풍과 같습니다.

집은 흔들리고, 나무는 쓰러지고, 사람들은 몸을 웅크립니다. 사탄은 이 폭풍 속에서 인간의 영혼이 무너지기를 기대합니다. 그러나 하나님은 그 폭풍을 사용해 인간의 잠든 영혼을 깨우십니다. 평소에는 듣지 않던 진리의 소리를 고통 속에서 더 깊이 듣게 하십니다. 이것이 첫 번째 진리입니다. 고통은 영혼을 깨우는 자명종입니다.

두 번째로, 이 폭풍은 사람들을 죽음 앞에 세웁니다. 하지만 믿는 자에게 죽음은 끝이 아닙니다. 마치 캄캄한 터널 같아 보이지만, 그 터널 끝에는 찬란한 빛이 있습니다. 마귀는 죽음을 끝이라 말하지만, 하나님은 그것을 생명의 문으로 바꾸십니다. 죽음을 통과한 자는 영원한 집으로 들어갑니다.

마지막으로, 그 폭풍 속에서도 하나님의 손은 멈추지 않습니다. 비가 쏟아지는 와중에도, 농부는 밭을 갈고 씨를 뿌립니다. 마귀는 모든 것을 무너뜨리려 하지만, 하나님은 그 와중에도 새로운 생명을 심고 계십니다. 전쟁은 마귀가 시작한 것 같지만, 그 속에서도 하나님의 은혜는 조용히, 그러나 확실하게 자라고 있습니다.

그러므로 우리는 두려움 속에서도 이렇게 외칠 수 있습니다.

"주님, 이 폭풍 속에서도 당신은 일하고 계십니다."

전쟁의 소리가 들릴 때마다, 우리 영혼은 더욱 깨어나야 합니다. 죽음의 그림자가 드리울수록, 생명의 빛을 바라보아야 합니다. 그리고 혼란의 한가운데서도, 하나님의 손길을 신뢰하며 뿌리를 내려야 합니다.

나눔

1. 고통의 바람이 불어올 때, 나는 그것을 두려움으로만 받아들입니까? 아니면 내 영혼을 깨우는 하나님의 경고음으로 받아들입니까?

2. 죽음을 바라볼 때, 나는 마귀가 보여주는 두려움의 끝으로 봅니까? 아니면 하나님이 여시는 영생의 문으로 믿고 있습니까?

3. 내 삶의 혼란과 불확실함 속에서도, 하나님의 조용한 손길이 지금도 일하고 계심을 나는 얼마나 믿고 의지하고 있습니까?

스크루테이프의 편지 6

미래의
안개 속에 묶인
영혼들

불안의 미끼에 걸린 자들

스크루테이프는 조카 웜우드에게 인간의 '두려움'을 어떻게 악용할 수 있는지 조언합니다. 특히 미래에 대한 상상, 아직 오지도 않은 사건에 대한 걱정을 키우도록 유도하여 현재의 평안과 믿음을 빼앗도록 지시합니다. 저자는 오늘날 우리가 얼마나 쉽게 '아직 오지 않은 고통'에 묶이는지를 날카롭게 통찰합니다. 우리도 인생에서 종종 '혹시나'와 '만약에'의 안개 속에서 헤맵니다. 그러나 성경은 거듭 '오늘'에 집중할 것을 요청합니다.

> 그러므로 내일 일을 위하여 염려하지 말라 내일 일은 내일 염려할 것이요 한 날의 괴로움은 그 날로 족하니라 **마 6:34**

1. 미래의 공포에 마음을 빼앗기게 하라 – "상상 속 고통은 현실보다 무겁다"

미래에 대한 두려움은 마치 자동차 전조등에 놀란 사슴과도 같습니다. 사슴은 실제로 차가 멈췄는데도 빛에 얼어붙어 달아나지 못합니다. 위험은 아직 오지 않았지만, 그것을 예상하며 두려움에 스스로를 묶어버리는 것입니다.

사탄은 인간이 '실제 고통'이 아니라 '상상 속 고통'에 더 많이 괴로워한다는 점을 정확히 알고 이용합니다. 그래서 사람의 마음을 현실이 아닌 "가능성"에 집중시켜야 한다는 것입니다. 전쟁이 날지 모른다는 두려움, 암일지도 모른다는 의심, 경제적 파탄이 올 것 같은 불안감(all of these create a mental prison.). 이런 상태에 빠진 사람은 하나님의 현재 임재와 공급을 인식하지 못합니다. 마귀는 이것을 기회로 삼아 "하나님은 너의 미래를 책임지지 못한다"는 거짓을 속삭입니다.

한 여성이 암 진단을 기다리는 검사 결과 발표를 앞두고 있었습니다. 그녀는 하루하루를 불안 속에서 보내며 모든 소망을 잃어버렸습니다. 그러나 결과는 양성이 아니었습니다. 이틀간 그녀를 짓눌렀던 두려움은 실제 고통보다 훨씬 더 컸던 것입니다.

> 여호와는 나의 목자시니 내게 부족함이 없으리로다 내가 사망의 음침한 골짜기를 다닐지라도 해를 두려워하지 않을 것은 주께서 나와 함께 하심이라 시 23:1,4

마귀는 우리의 시선을 '지금'이 아닌 '나중'으로 돌립니다. 미래는 안개와 같아 누구도 볼 수 없지만, 우리는 그 안개 속에서 상상의 괴물을 만들어내며 스스로를 괴롭힙니다. 믿음은 "보이지 않는 것을 보는 눈"인데, 마귀는 "보이지도 않는 것을 무서워하라"고 속삭입니다.

우리는 언제 가장 믿음이 약해지나요? "아직 오지 않은 문제"를 너무 일찍부터 해결하려고 할 때입니다. 불확실한 미래에 대한 지나친 관심은 현재를 마비시킵니다. 그때 우리는 기도보다 걱정을 택합니다. 하나님은 '오늘의 고통'을 도우시고, 마귀는 '내일의 가능성'을 부풀립니다. 오늘의 고통은 하나님과 함께 이겨낼 수 있지만, 내일의 고통은 아직 오지 않았기에, 사람들은 하나님 없이도 상상하며 무너집니다.

2. 두려움으로 인간을 현실로부터 이탈하게 만들라 – "현재를 무력화시키는 전략"

두려움에 사로잡힌 사람은 진짜 위험은 보지 못하고, 상상 속의 적과 싸우느라 지쳐버립니다. 또는 TV 속 재난 뉴스만 반복해서 보며 외출을 두려워하는 사람과도 같습니다. 진짜 삶은 창밖에서 흐르고 있는데, 그는 가상의 화면 속에서만 현실을 살아갑니다.

루이스는 "미래에 대한 공포는 인간을 실제 삶의 현재에서 떼어놓는다"고 말합니다. 마귀는 기도와 순종, 사랑이 일어나는 '현재의 순간'을 잊게 하여, 사람이 막연한 가능성과 상상에 매달리게 만듭니다. 이는 영적으로 가장 치명적인 마비입니다. 사탄은 현재로부터 사람을 떼어놓고, 미래의 혼란 속에 머물게 하는 전략을 씁니다.

한 청년이 실직 후 몇 달간 취업 걱정에 시달렸습니다.

그는 새벽기도도 멈추고, 교회 섬김도 중단했습니다. 나중에 고백하길 "아무것도 확정되지 않았는데, 제 인생은 이미 망했다고 느꼈어요." 마귀는 그의 '상상' 속에 진짜 감옥을 만들었습니다.

루이스는 "두려움은 미래의 가짜 시나리오를 통해 사람을 현실에서 분리시킨다"고 말합니다. 마귀는 '상상의 불행'을 통해 '현재의 축복'을 흐리게 만들고, 결국 '현재의 사명'조차 감지하지 못하게 만듭니다.

하나님은 '지금 여기'에서 우리와 함께하시는데, 우리는 '아직 오지 않은 일'에만 몰두한 나머지 그 임재를 놓치게 됩니다.

> 하나님이 우리에게 주신 것은 두려워하는 마음이 아니요 오직 능력과 사랑과 절제하는 마음이니 딤후 1:7

하나님은 우리가 현재의 염려를 맡기길 원하시지만, 사탄은 우리가 가능한 모든 미래의 시나리오에 미리 무릎 꿇게 만들고자 합니다. 두려움은 생각을 마비시키고, 기도를 흐리게 만들며, 하나님보다 상황을 더 크게 보게 만듭니다. 하나님은 언제 역사하시는가? 바로 "지금 이 순간"입니다. 두려움은 우리를 이 현실에서 떼어냅니다. 기도는 "지금 여기서" 하나님께 나아가는 것입니다. 사탄은 우리가 하나님과의 만남이 가능한 '현재의 시간'을 외면하도록 만듭니다.

3. "현재의 의무"를 경시하게 하라 – "현실 도피로 신앙을 흐리게 하는 전략"

마귀가 바라는 삶은 "주유하지 않은 자동차가 먼 여행을 걱정하는 것"입니다. 지금 당장 주유소에 들러 기름을 채우면 되는데, 운전자는 길의 끝만 생각하며 조급해 하고 걱정합니다. 결국 차는 움직이지도 못하고, 그 자리에 멈춰버립니다. 또한 이런 경우도 있습니다. 빗자루를 들고 청소할 생각은 하지 않고, 먼지 알레르기를 걱정하는 사람. 현재 할 수 있는 일은 회피하고, 해야 할 이유를 두려움으로 포장해 미루는 것입니다. 사탄은 인간이 '지금 당장 해야 할 일'이 무엇인지를 보지 못하고, 막연한 위험에 대해 대비책을 세우느라 바빠지면 좋다고 말합니다.

그렇게 되면 기도도, 순종도, 사랑의 실천도 모두 미루어집니다.

루이스는 '의무를 망각하게 만드는 두려움'을 경계합니다. 마귀는 자주 이렇게 속삭입니다.

"지금 네가 해야 할 건 아무 소용없다. 그보다 미래를 대비하라."

그러나 하나님은 항상 "지금 네가 해야 할 일을 하라"고 말씀하십니다.

코로나19가 처음 터졌을 때, 많은 교회들이 "예배 중단"이나 "사역 축소"를 결정했습니다. 물론 필요했고 지혜로운 결정도 있었지만, 어떤 이들은 "지금은 아무것도 할 수 없다"며 영적 활동 자체를 멈춰버렸습니다. 그러자 그들의 신앙은 점점 냉담해졌습니다.

그러므로 너희는 이렇게 기도하라, 오늘 우리에게 일용할 양식을 주시옵고 마 6:9,11

하나님은 "오늘의 양식, 오늘의 순종, 오늘의 사랑"을 요청하십니다. 그러나 사탄은 이렇게 속삭입니다.

"지금은 아무것도 하지 마. 나중에 더 큰 문제가 올 수도 있으니까 준비해야 해."

루이스는 이를 날카롭게 비판합니다.

"그 어떤 두려움도 현재의 의무보다 중요하지 않다."

사탄은 우리가 '지금 할 수 있는 순종'을 포기하도록 만들고, 그 공백에 염려를 채웁니다. 하나님은 오늘 우리가 감당할 수 있는 '하루치의 십자가'를 맡기십니다. 그러나 마귀는 상상 속의 무게를 늘려 오늘도 무력하게 만들고자 합니다. 상상이 아닌 현실의 자리에서 하나님을 신뢰하는 훈련이 필요합니다.

불안의 연기에서 나와, 하나님의 오늘로 걸어가라

저자는 영적 전쟁의 핵심이 "시간의 영역"에서 벌어짐을 드러냅니다. 마귀는 우리를 어제의 후회와 내일의 불안에 붙잡아 두려 하지만, 하나님은 '지금 이 순간' 우리와 동행하십니다. 우리는 미래가 아닌 "오늘"을 살아야 합니다. 이 삶은 마치 자욱한 안개 속을 걷는 것과 같습니다. 그러나 하나님은 말씀하십니다.

"내가 네 발에 등이 되리라."

미래는 안개지만, 오늘은 등불을 들고 걷는 시간입니다. 미래는 언제나 안개 속 같습니다. 그러나 믿음은 마치 안개 낀 길을 손전등 하나 들고 한 걸음씩 걷는 것과도 같습니다. 모든 길을 다 보지 못해도, 한 걸음만 비춰지는 그 빛을 따라 걷는 것입니다. "진짜 믿음은, 하나님이 계신 흔적조차 보이지 않는 것 같은 순간에도 여전히 그분을 신뢰하며 순종하는 것이다." 그리고 그때야말로 사탄이 가장 무서워하는 순간이라고 선언합니다.

나눔

1. 나는 요즘 어떤 '미래의 두려움'에 내 감정과 기도를 빼앗기고 있습니까?

2. 하나님이 나에게 "지금 이 순간" 원하시는 순종의 모습은 무엇입니까?

3. 상상 속의 문제로 현재의 의무를 미루고 있지는 않습니까?

스크루테이프의 편지 7

복음의 깃발을
들어야 할 자리에,
정치의 깃발

십자가 옆에 세워진 정치 깃발

이 장은 "악마가 신자들을 어떻게 정치적 극단주의에 빠지게 만들고, 교회를 분열시키며, 진정한 믿음에서 벗어나게 하는가"를 매우 날카롭게 드러내는 내용입니다. 스크루테이프는 조카 웜우드에게 말합니다.

"네가 담당한 인간을 가능한 한 '당파적 인간'으로 만들어라. 신앙은 그의 삶에서 도구가 되어야 하고, 정치는 그의 진정한 열정이 되도록 하라."

이 말은 오늘날에도 똑같이 적용됩니다. 기독교가 정치의 노예가 될 때, 우리는 하나님의 나라를 오해하게 됩니다. 마귀가 신앙을 왜곡하는 세 가지 주요 전략을 살펴보겠습니다.

1. "신앙을 수단으로, 정치를 목적으로" – 마귀의 첫 번째 전략

스크루테이프는 웜우드에게 이렇게 지시합니다.

"정치적 열정은 우리가 그에게 '의무'로 가장하여 줄 수 있다. 그렇게 되면 그는 '하나님의 뜻'을 자신의 정당에 끼워 맞추게 된다."

마귀는 우리의 신앙을 이렇게 바꾸려 합니다. 겉으론 "나는 그리스도인"이라고 하면서, 실제로는 정치나 사회적 이슈가 삶의 중심이 되도록 유도하는 것입니다.

햄버거 가게에 갔는데 간판에는 "신선한 순쇠고기 패티"라 적혀 있습니다. 하지만 막상 열어보면 안에는 얇은 햄만 있고, 대신 감자튀김이 그득합니다. 본질은 빠지고, 부차적인 것이 중심이 된 것입니다.

신앙은 원래 '하나님의 나라'와 '그분의 의'를 중심으로 하는 삶입니다. 그러나 마귀는 이것을 '나의 정치적 신념'을 강화하는 수단으로 바꾸도록 유도합니다. 마치 신앙이 어떤 정당이나 정책을 정당화하는 도구처럼 변질되게 만드는 것입니다.

한 청년이 있었습니다. 그는 교회에서 열심히 봉사하고, 성경 공부에도 빠지지 않았습니다. 그러나 시간이 지나며, 그는 점점 자신이 지지하는 정치인의 말에 더 귀를 기울였습니다. 심지어 설교 중에도 "왜 목사님은 이 정권을 비판하지 않느냐"고 따지기 시작했습니다. 어느 순간 그는 더 이상 예수님의 복음에 관심을 두지 않았습니다. 그의 신앙은 '당의 종교'가 되어버렸습니다.

마귀는 정치가 아니라 정치화된 신앙을 좋아합니다. 왜냐하면 그것은 인간을 분열시키고, 진리를 흐리게 만들기 때문입니다. 우리는 반드시 복음이 정치 위에 있음을 기억해야 합니다. 우리는 예수님을 따르는 제자입니까? 아니면 내 정치 신념의 전도사입니까? 신앙은 정치 위에 있어야 합니다. 만약 복음을 이용해서 정치를 강화하려 한다면, 우리는 이미 마귀의 전략에 말려든 것입니다.

오직 너희는 먼저 그의 나라와 그의 의를 구하라 그리하면 이 모든 것을 너희에게 더하시리라 마 6:33

2. "보이지 않는 적(사탄) 대신, 보이는 적을 미워하게 하라"
- 마귀의 두 번째 전략

스크루테이프는 인간이 진정한 적인 '사탄과 죄' 대신, '다른 진영의 사람들'을 미워하도록 유도하라고 말합니다.

"그가 미워하는 사람들을 곧 '사탄의 앞잡이'로 여기게 만들어라."

우리의 씨름은 혈과 육을 상대하는 것이 아니요 통치자들과 권세들과 이 어두움의 세상 주관자들과 하늘에 있는 악의 영들을 상대함이라 엡 6:12

사탄은 전선을 바꿉니다. 우리의 싸움이 '악한 영'이 아닌 '반대 진영의 사람들'이라고 믿게 만듭니다. 이로 인해,

우리는 기도 대신 논쟁하고, 사랑 대신 혐오하게 됩니다. 진정한 적은 '영적인 사탄의 세력'인데, 우리는 이웃을 적으로 간주하게 되는 것입니다.

한 교회의 성도 A 씨는 교회 내에서 정치적인 입장을 자주 언급하며, 반대 의견을 가진 성도들을 향해 "그리스도인답지 않다"고 말했습니다. 결국 교회는 두 편으로 나뉘었고, 예배 후 교제는 사라졌습니다. 마귀는 웃고 있었을 것입니다. 교회의 분열은 복음의 힘을 약화시키기 때문입니다. 마귀는 우리가 영적 싸움의 대상을 오해하게 만듭니다. 죄와 사탄이 아니라, 다른 정치 성향을 가진 형제자매를 미워하게 합니다.

우리가 싸워야 할 대상은 '혈과 육'이 아닙니다. 예수님은 정치적 반대자까지도 위해 기도하셨습니다. 우리가 정치 성향이 다르다는 이유로 이웃을 미워한다면, 복음의 정신은 무너지고 맙니다. 그리스도인은 결코 사람을 미워해서는 안 됩니다. 우리는 다만 사탄의 전략을 분별하며, 모든 사람을 위해 기도해야 합니다. 증오가 아닌 중보가, 판단이 아닌 용납이 교회의 본질이어야 합니다.

3. "교회를 정치 집단으로 바꿔라" - 마귀의 세 번째 전략

사탄은 교회가 '그리스도의 몸'이 아니라 '정치적 이념의 집단'으로 변질되게 해야 한다고 말합니다. 그러면 교회는 외형만 남고, 그 중심은 썩어버리기 때문입니다. 가족들이 모여 함께 식사를 하던 어느 날, 아버지가 식탁 위에 '좌파', '우파' 팻말을 놓았습니다. 가족들은 서로 다른 팻말 아래 앉기 시작했고, 결국 식탁은 조용해졌습니다. 더 이상 웃음도 없고, 기도도 사라졌습니다. 마귀는 교회 안에서도 이런 일을 일으킵니다. 그리스도의 몸 된 공동체가 하나 됨을 잃어버리고, 정치적 입장에 따라 분열되게 합니다

> 그는 우리의 화평이신지라 둘로 하나를 만드사 원수 된 것 곧 중간에 막힌 담을 자기 육체로 허시고 **엡 2:14**

초대교회는 유대인과 이방인을, 종과 자유인을, 남성과 여성을 하나로 묶는 '화해의 공동체'였습니다. 그러나 마귀는 '교회를 분열의 공동체'로 바꾸려고 합니다. "너는 어느 편이냐"는 질문이 복음보다 앞서기 시작하면, 교회

는 이미 방향을 잃은 것입니다. 미국의 한 교회에서는 공화당과 민주당 지지자들 사이의 갈등으로 인해 서로 다른 시간대에 예배를 드리는 일이 벌어졌습니다. '하나 됨'을 강조하던 교회가, 정치적 이념 때문에 갈라진 것입니다. 이 얼마나 사탄이 바라는 결과입니까? 교회는 그리스도의 몸이며, 이념보다 복음이 중심이어야 합니다. 만약 우리의 말과 태도 속에서 이념이 복음을 덮는다면, 우리는 그리스도의 몸을 해치고 있는 것입니다.

하나 됨을 가르는 깃발은 내려놓고, 사랑의 깃발을 들라

마귀는 우리에게 "정치를 버리라"고 말하지 않습니다. "정치를 복음 위에 두라"고 유혹합니다. 저자는 교회가 이 유혹에 얼마나 쉽게 무너질 수 있는지를 경고합니다. 예수님의 십자가는 어느 정당의 로고도 붙어 있지 않았습니다. 그분은 죄인과 의인을 구별하지 않으셨고, 유대인이나 헬라인을 차별하지 않으셨습니다. 그런데 우리는 오늘날 그 십자가 곁에 '내가 지지하는 정당의 깃발'을 꽂으려

하고 있지는 않습니까? 복음은 모든 당파보다 높고, 모든 나라보다 크며, 영원한 하늘의 깃발입니다. 우리는 그 깃발 아래서만 참된 평화와 구원을 얻을 수 있습니다. 오늘 우리는 다시 결단해야 합니다. 복음을 정치의 수단이 아닌, 목적이 되게 할 것인지? 사람을 미워할 것인지, 사탄의 전략을 분별할 것인지? 교회를 이념의 싸움터로 만들 것인지, 하나님의 사랑이 흐르는 공동체로 지킬 것인지?

> 화평케 하는 자는 복이 있나니 그들이 하나님의 아들이라 일컬음을 받을 것임이요 **마 5:9**

1. 나는 최근 내 삶에서 어떤 이슈가 복음보다 더 큰 위치를 차지하고 있습니까?

2. 나는 이념이 다른 사람을 향해 증오의 마음을 품은 적이 있습니까?

3. 내 말과 행동은 교회를 하나되게 하고 있습니까, 나뉘게 하고 있습니까?

스크루테이프의 편지 8

하나님이 안 보이는
순간에도, 하나님은
나를 빚으심

신앙생활은 직선이 아니라 파도입니다

 겨울이 되면 아이들이 놀던 놀이터가 한산해지고 나무는 잎을 다 떨구며 죽은 것처럼 보입니다. 그러나 겨울은 봄을 준비하는 계절입니다. 나무는 가지를 통해 햇빛을 더 많이 받을 준비를 하고, 뿌리는 더 깊이 자라며 수분을 저장합니다. 루이스는 인간의 삶과 감정도 '파동'undulation이라 하며, 하나님이 일부러 설계하신 리듬이라 말합니다.

 기차를 처음 타는 아이는 역마다 멈추는 것이 불안하고, 선로의 곡선을 돌 때마다 탈선할까 염려합니다. 그러나 기차는 그 모든 굴곡을 지나 목적지에 도달합니다. 우리의 신앙도 그렇습니다. 어떤 이는 자신이 영적 침체에 빠지면 하나님께 버림받은 줄로 생각합니다. 그러나 루이스는 아주 중요한 진리를 밝힙니다. 그것은 바로 "하강 곡선" 속에서도 하나님의 손길이 여전히 함께하신다는 사실입니다. "모든 인간의 삶은 파도처럼 오르락내리락하게 설계되었다. 이 리듬은 하나님께서 의도적으로 만드신 것이다." 이 사실을 이해하는 것이야말로 사탄의 전략을 이기고 믿음을 지키는 열쇠입니다.

1. 고저의 리듬은 하나님의 창조 질서다

"하나님은 모든 인간 존재에게 주기적인 고조高潮와 저조低潮의 리듬을 주셨다." – 루이스

바닷가에서 파도를 바라본 적 있으신가요? 파도는 오르기도 하고 내리기도 합니다. 이러한 현상은 바다가 살아 있다는 증거입니다. 바다가 잔잔하기만 한다면, 생명은 고여 썩게 됩니다. 우리의 믿음도 마찬가지입니다. 감정의 기복, 영적 고조와 저조는 하나님께서 우리 안에 심어두신 생명의 리듬입니다. 우리는 그 파도를 두려워할 필요가 없습니다. 왜냐하면 그 바다 아래에는 하나님의

주권이라는 바닥이 변함없이 놓여 있기 때문입니다.

전도서 3장 1절은 이렇게 선포합니다. "범사에 기한이 있고 천하 만사가 다 때가 있나니." 그리고 3장 4절에서 덧붙입니다. "울 때가 있고 웃을 때가 있으며, 슬퍼할 때가 있고 춤출 때가 있으며." 이 말씀은 우리의 감정과 신앙의 흐름조차도 하나님의 통치 아래 있음을 선언합니다. 하나님은 인생의 모든 계절을 통해 우리를 단련하시고 빚어가십니다.

한 식물학자는 이렇게 말했습니다.

"식물은 겨울에 자라지 않는 것 같지만, 그 뿌리는 가장 깊이 내려갑니다."

믿음의 겨울은 외형적으로는 침체처럼 보일 수 있습니다. 그러나 하나님은 바로 그 시기에 우리의 뿌리를 믿음 깊숙이 내리게 하십니다. 믿음의 고조와 저조는 잘못된 것이 아닙니다. 그것은 하나님의 손에 있는 거룩한 리듬입니다. 침체의 때가 왔다고 너무 자책하지 마십시오. 그 순간에도 하나님은 당신을 훈련시키고 계십니다. 감정이나 열정의 기복은 하나님이 창조하신 구조 안에 있는 자연스러운 흐름입니다. 문제가 아니라 과정입니다.

2. 침체기야말로 신앙의 진실이 드러나는 시간이다

비행기를 타고 구름 위로 올라가면, 비가 내리는 땅 아래와 달리 태양은 언제나 찬란히 빛나고 있습니다. 구름은 잠시 우리의 시야를 가릴 뿐, 태양은 결코 사라지지 않습니다. 우리의 믿음도 마찬가지입니다. 하나님의 얼굴이 감춰진 것 같아도, 그분은 변함없이 우리 위에 계십니다. 우리가 그분을 느끼지 못할 뿐입니다. 침체기의 신앙은 '해가 없다고 믿는 것'이 아니라 '해가 여전히 있다는 것을 신뢰하는 것'입니다.

욥기 23장 8-10절은 고백합니다.

내가 앞으로 가도 그가 아니 계시고 뒤로 가도 보이지 아니하며…
그러나 내가 가는 길을 그가 아시나니 그가 나를 단련하신 후에는
내가 순금 같이 되어 나오리라

하나님이 보이지 않는다고 해서 부재한 것이 아닙니다. 오히려 그분은 더 깊이 우리를 단련하십니다. 믿음의 진실은 하나님의 얼굴이 감춰졌을 때 드러납니다.

한 가족이 저녁에 정전을 경험했습니다. 집안은 칠흑같이 어두워졌습니다. 그러나 누군가 벽에 손을 뻗어 스위치를 켰습니다. "왜 불이 안 켜지지?"라고 아이가 물었습니다. 아버지가 대답했습니다. "불이 들어오지 않는다고 전기가 없는 것이 아니란다. 전기는 여전히 어딘가에 흐르고 있어. 단지 우리는 지금 그것을 느끼지 못할 뿐이야." 마찬가지로 하나님의 은혜는 보이지 않는 순간에도 흐르고 있습니다. 믿음이란 보이지 않는 그 손길을 붙드는 것입니다. 하나님을 느끼지 못할 때도 그분을 신뢰하십시오. 기도 응답이 없을 때도 무릎 꿇기를 멈추지 마십시오. 이것이 바로 '성숙한 믿음'입니다. 진짜 신앙은 '감정'이 아니라 '결단'입니다.

처음으로 아기가 걷기 시작할 때, 부모는 한 걸음, 두 걸음을 뗄 수 있도록 잠시 손을 놓습니다. 넘어질 수도 있지만, 그 실패는 성장의 일부입니다. 하나님도 우리가 신앙의 결단을 의지로 하게 만들기 위해, 때로는 감정적 위로나 임재를 의도적으로 거두십니다. 기쁨 없이 순종하는 순간이야말로 하나님이 진짜 기뻐하시는 믿음입니다. 감정이 아니라 의지가 신앙의 진정성을 증명합니다.

3. 사탄은 리듬의 "저점"을 왜곡하여 우리를 쓰러뜨리려 한다

어두운 터널을 지나가는 차 안에서, 아이는 "언제 나가요?"라고 묻습니다. 그러나 터널은 반드시 끝이 있고, 빛은 다시 보입니다. 사탄은 이 터널의 시간(하강 곡선)을 이용해 "이제 끝이야, 하나님은 떠나셨어"라고 속삭입니다. 그러나 루이스는 이 시기가 하나님의 훈련 시간이며, 진정한 변화의 시간이라 말합니다.

"고조의 시기는 별로 소용이 없어. 하강곡선이야말로 내가 실력을 발휘할 기회야." - 스크루테이프(사탄)

농부는 씨앗을 심은 후, 곧바로 수확을 기대하지 않습니다. 오히려 겨울 동안 땅이 얼고, 비가 내리고, 햇빛이 없는 날이 길어져야 비로소 봄에 싹이 틉니다. 그러나 조급한 사람은 겨울이 왔다고 씨앗이 죽은 줄 알고 그것을 파내버립니다. 사탄은 침체기의 겨울을 이용해 우리로 하여금 "이젠 끝이야"라고 속삭입니다. 하지만 믿음의 사람은 압니다. 지금은 '움직이지 않아도 자라고 있는 시간'이라는 것을…

베드로전서 5장 8절은 경고합니다.

근신하라 깨어라 너희 대적 마귀가 우는 사자 같이 두루 다니며 삼킬 자를 찾나니

신앙의 침체기 때, 마귀는 유혹과 거짓말로 틈을 파고듭니다. "하나님은 널 버리셨어", "문제는 그놈 때문이야, 너는 아무 잘못 없어", "넌 이미 실패했어"라는 생각들이 마음을 지배하게 합니다.

한 청년이 신앙의 침체기에 빠졌습니다. 기도도 메마르고, 말씀도 지루하게 느껴졌습니다. 그러자 그는 어느 날 "하나님도 없는 것 같으니, 마음대로 살아보자"는 충동에 휩싸였습니다. 유튜브, 중독, 음란물, 관계의 파괴 속으로

빠져들기 시작했습니다. 그 후 그는 이렇게 고백했습니다. "나는 단지 영적으로 지쳐 있었을 뿐이었는데, 마귀는 그 틈에 진리를 조작해 내 인생을 무너뜨리려 했다." 사탄은 바로 이런 순간을 노립니다. 하나님의 침묵은 시험이지만, 마귀는 그것을 '하나님의 부재'로 왜곡하려 합니다.

침체의 때에 가장 중요한 것은 '내 생각만으로 믿음을 해석하지 않는 것'입니다. 영적 고갈 속에서 자신을 판단하거나 미래를 예단하지 마십시오. 그때는 가만히 주님을 기다리고 붙드는 것입니다.

시편 27장 14절은 말합니다.

여호와를 기다릴지어다 강하고 담대하며 여호와를 기다릴지어다

사탄은 침체기를 "영원한 끝"처럼 왜곡합니다. 그러나 하나님은 그것을 "신뢰의 훈련"으로 사용하십니다. 순종하는 마음이 남아 있다면, 그것은 이미 하나님의 손안에 있는 증거입니다.

믿음의 바다는 파도 위에서 성장한다

파도 없는 바다는 없습니다. 마찬가지로, 영적 파도 없는 믿음은 성장하지 않습니다. 저자는 인간의 리듬, 곧 '하강곡선'조차도 하나님의 영광과 인간의 자유의지, 그리고 사랑을 위한 공간이라고 말합니다. 사탄은 이 침체기를 유혹의 기회로 보지만, 하나님은 그것을 성숙의 기회로 삼으십니다. 우리의 믿음이 진짜임을 증명하는 시간은 '기분이 좋을 때'가 아니라, 아무것도 느껴지지 않을 때입니다. 그때 손을 놓지 마십시오. 그때도 하나님은 그 자리에 계십니다.

1. 지금 내 믿음의 상태는 '고조'에 있습니까, '저조'에 있습니까? 그 상태를 하나님 앞에서 어떻게 해석하고 있습니까?

2. 침체기 속에서도 내가 지속적으로 행할 수 있는 '믿음의 선택'은 무엇입니까?

3. 하나님의 침묵을 '부재'로 해석하고 있지는 않습니까?

스크루테이프의 편지 9

마귀는
영적 슬럼프와 쾌락을
왜곡시킴

하나님이 느껴지지 않는 시간

한 청년이 있었습니다. 그는 예수님을 처음 만나고 난 후 큰 기쁨에 넘쳤습니다. 매일 기도하며 말씀을 묵상하고, 예배 가운데 눈물을 흘리며 주님의 임재를 체험했습니다. 하지만 어느 날 부터인지 마음이 건조해졌습니다. 기도해도 감동이 없고, 예배 중에도 공허함만 가득했습니다. "왜 이런 걸까? 내가 죄를 지었나? 하나님이 나를 버리셨나?" 그는 불안과 의심에 빠졌습니다. 바로 그때, 사탄은 속삭입니다.

"하나님은 네가 느끼지 못하는 존재야. 그냥 옛날 감정이었을 뿐이야. 너는 혼자야."

이것이 바로 사탄의 영적 침체기 속의 유혹입니다. 하나님께서 우리에게 의도적으로 '감정의 손'을 거두시는 시기에, 마귀는 그 틈을 파고들어 우리를 절망과 타협, 그리고 거짓된 쾌락으로 이끌려 합니다. 하지만 기억해야 할 진리가 있습니다. 모든 계절은 지나갑니다. 겨울이 지나야 봄이 오고, 침묵 속에서도 하나님은 일하십니다.

1. 마귀는 "지루함과 건조함" 속에서 일한다

> "당신의 환자에게 중요한 것은 '현재 상태'를 어떻게 해석하도록 유도하느냐에 달려 있다." - 스크루테이프

사탄은 이렇게 말합니다. 인간에게 가장 효과적인 유혹의 시기는 하나님이 '조용히' 계신 것처럼 보일 때라는 것입니다. 즉, 신앙생활의 감정적 고조가 지나간 후, 현실의 지루함과 싸울 때입니다. 이 시기가 인간이 성숙해질 수 있는 기회임에도 불구하고, 마귀는 이 시기를 '절망'으로 둔갑시켜 타락으로 이끕니다.

내 영혼아 네가 어찌하여 낙심하며 어찌하여 내 속에서 불안해 하

는가 **시 42:5**

그 때에 예수께서 성령에게 이끌리어 마귀에게 시험을 받으러 광야로 가사 **마 4:1**

예수님조차도 광야에서 시험 받으셨습니다. 40일 금식 후에 육체적, 정서적으로 가장 약해진 그때 마귀는 다가왔습니다. 저자는 인간의 영적 여정을 "파도와 물결"undulation로 비유합니다. 인간은 영혼과 육체가 결합된 존재이기에 기복이 있을 수밖에 없습니다. 마귀는 이 '슬럼프'가 자기의 작품이라고 착각하게 만들지만, 사실은 하나님이 우리를 자립하게 하시기 위해 의도적으로 감정을 거두신 시기입니다. 마치 자전거를 배우는 아이의 손을 슬며시 놓는 아버지처럼, 하나님은 우리를 성장시키기 위해 의도적으로 '느껴지지 않는 시간'을 주십니다. 그러나 마귀는 이 틈을 타서 이렇게 속삭입니다.

"봐라, 하나님이 널 버렸어. 네 기도는 공허해. 그 모든 감정은 거짓이었어."

한 고등학생이 수련회에서 은혜를 받고 돌아온 뒤, 학교생활 속에서 다시 음란물과 싸우기 시작했습니다. 감정은 식고, 믿음은 흔들렸습니다. 그는 '내가 하나님을 진짜 믿었을까?' 고민했습니다. 그런데 목사님이 "믿음은 느낌이 아니라, 끝까지 가는 결정이야."라고 말했습니다. 지루함은 마귀의 도구입니다. 하지만 하나님은 그 시간에도 일하고 계십니다.

2. 마귀는 "쾌락의 방향"을 왜곡한다

"쾌락은 하나님께서 만드신 것이다. 마귀는 단지 왜곡하고 타이밍을 어기게 할 뿐이다." - 루이스

스크루테이프는 말합니다.

"쾌락은 우리가 만든 것이 아니라 그분(하나님)의 것이다."

마귀는 쾌락을 없애지 못합니다. 대신 정당한 쾌락을 부당한 방식으로, 또는 순간적인 충동으로 사용하게 만듭니다. 저자는 쾌락이 하나님이 주신 선물임을 분명히 하

며, 마귀는 쾌락을 만들어 낼 수 없다고 강조합니다. 그는 단지 쾌락을 변형시키고, 때와 방식과 강도를 왜곡할 뿐입니다. 이는 마치 하나님이 주신 음식이라는 선물을 마귀가 음식물을 상하게 하거나 타이밍을 빼앗아 폭식이나 중독으로 만드는 것과 같습니다.

오직 각 사람이 시험을 받는 것은 자기 욕심에 끌려 미혹됨이니 욕심이 잉태한즉 죄를 낳고... 약 1:14,15

청년이여... 네 청년의 날들을 마음에 기쁘게 하여... 그러나 하나님이 이 모든 일로 말미암아 너를 심판하실 줄 알라 전 11:9

쾌락은 하나님이 주신 선물이지만, 마귀는 그것을 통하여 타락으로 이끕니다. 한 직장인은 스트레스를 핑계로 야근 후 술을 마시며 "이 정도 쯤이야"라고 자기합리화했습니다. 처음엔 일주일에 한 번이었지만, 점차 일상이 되어갔습니다. 그러던 어느 날, 그는 집에서 아내와 아이의 눈을 피하고 숨어서 마시고 있는 자신을 발견합니다. 하나님이 주신 기쁨의 선물이, 도망과 은폐의 수단이 되어 버렸습니다. 쾌락은 마치 벽난로의 불과 같습니다. 벽난로 안에 있을 땐 따뜻하지만, 벽난로 밖으로 나오면 집을 태웁니다. 마귀는 불을 벽난로 밖으로 옮겨놓고, 그걸 "자유"라고 부릅니다.

3. 마귀는 "과거의 후회"와 "미래의 공포"를 통해 현재를 훔친다

"우리의 전략은 가능한 한 인간이 '현재'를 생각하지 못하게 하는 것이다." - 스크루테이프

스크루테이프는 웜우드에게 충고합니다.

"그를 과거에 붙들어두거나 미래에만 몰입하게 하라. 단, 절대 '현재'에 살지 못하게 하라."

왜일까요? '현재'는 유일하게 하나님의 은혜가 역사하는 순간이기 때문입니다. 마귀는 그리스도인이 겪는 건조한 시기를 '영원할 것 같은 절망'으로 느끼게 만듭니다. 그리고 처음 느꼈던 감동은 단지 '일시적인 흥분'이었다고 설득하려 합니다.(It was just a phase.) 이는 마치 겨울이 왔

을 때, 이제 봄은 다시 오지 않을 거라고 착각하게 만드는 것입니다. 그러나 겨울은 끝나고 봄은 반드시 옵니다. 하지만 마귀는 "너의 신앙은 겨울 속에서 죽었다"고 속삭입니다. 또한 그는 '절제된 종교' 즉, 너무 뜨겁지도 너무 헌신적이지도 않은 '적당히 믿는 신앙'을 만들려 합니다.(Moderated religion is as good for us as no religion at all—and more amusing.) 이는 불이 너무 약해 난로는 있지만 방이 전혀 따뜻하지 않은 상태와 같습니다. '적당한 신앙'은 사탄에게 가장 유쾌한 상태입니다.

> 그러므로 내일 일을 위하여 염려하지 말라... 한 날의 괴로움은 그 날로 족하니라 **마 6:34**

> 보라 지금은 은혜 받을 만한 때요 보라 지금은 구원의 날이로다 **고후 6:2**

하나님은 언제나 지금 여기에서 역사하십니다. 마귀는 '그때는 좋았는데…' 또는 '앞으로는 불안해…'라는 생각으로 현재의 은혜를 마비시킵니다. 어느 집사님은 늘 "내가 젊었을 때는… 그땐 은혜가 충만했지…"라고 말합니다. 또는 "이제는 나이가 들어서 할 수 있는 게 없어..."라고 탄식합니다. 그분은 현재의 시간을 '불가능한 시간'이라 여기며 아무 일도 하지 않습니다. 하지만 하나님은 모세를 80세에 부르셨고, 바울은 감옥 안에서도 서신을 통해 교회를 세우셨습니다. 과거는 백미러 같고, 미래는 내비게이션과 같습니다. 하지만 실제로 우리가 운전할 수 있는 길은 앞에 있는 도로, 바로 지금입니다. 마귀는 백미러만 보게 하거나, 미래의 GPS만 바라보게 하여 핸들을 놓치게 만듭니다.

건조함 속에 피어나는 순종의 꽃

루이스는 마귀의 입을 빌려 이렇게 말합니다.

"우리의 목적은 가장 위험한 순간을 맞이한다. 인간이 아무것도 느끼지 못하면서도, 여전히 순종할 때 말이다."(Our cause is never more in danger than when a human... still obeys.)

이 문장은 침묵과 어둠, 감정의 부재 속에서도 하나님을 신뢰하고 순종하는 사람이 얼마나 강력한 존재가 되는지를 역설적으로 드러냅니다. 마귀는 쾌락으로 미끄러지게 하고, 지루함으로 무기력하게 만들며, 감정의 침묵을 통해 신앙이 죽었다고 믿게 하려 합니다. 그러나 하나님은 그 '감정 없는 순간'에 오히려 영혼의 뿌리를 깊게 내리게 하십니다.

진짜 신앙은 '느껴질 때'가 아니라, '보이지 않아도 걸을 때'에 증명됩니다. 신앙은 감정의 불꽃이 아니라, 의지의 등불로 인생을 비춥니다. 하나님은 자녀를 장난감처럼 조종하시는 분이 아니라, 스스로 하나님을 선택하도록 사랑과 자유를 주시는 분입니다. 그래서 침묵하시고 감정을 거두십니다. 그리고 그 가운데 순종하는 자를 통해 그분 자신의 형상을 빚어 가십니다. 따라서 사랑하는 여러분, 혹시 지금 건조함 속에 계십니까? 그렇다면 낙심하지 마십시오. 마귀는 여러분이 지루함에 굴복하길 원하지만, 하나님은 바로 그 순간에 여러분의 믿음을 정금같이 연단하고 계십니다. "감정이 아니라 믿음으로, 응답이 아니라 신실함으로 걸어갈 때, 우리는 비로소 하늘의 자녀가 되어 갈 것입니다."

나눔

1. 나는 요즘 신앙생활이 지루하고 무의미하게 느껴질 때, 어떤 방식으로 그것을 이겨내고 있습니까?

2. 하나님이 주신 쾌락의 선물을 내가 잘 사용하고 있는지, 왜곡된 방식으로 소비하고 있는 것은 무엇입니까?

3. 나는 현재를 사는 자입니까? 아니면 과거에 사로잡히거나 미래에 묶여 있는 자입니까?

스크루테이프의 편지 10

가면을 쓴 신앙 :
세속적 우정이
영혼을 좀먹을 때

가면 무도회에 초대받은 신자

한 청년이 있었습니다. 그는 평범한 신자였고, 교회에서 늘 충실했습니다. 그러나 어느 날, 새로운 직장에 들어가고, 세련된 친구들을 만나면서 그의 삶에 변화가 생겼습니다. 그들은 고상했고, 유쾌했으며, 지적인 대화를 즐겼습니다. 하지만 기독교에 대해서는 조롱과 비웃음으로 일관했습니다. 청년은 처음에는 자신의 신앙을 숨겼지만, 시간이 지나자 자신도 모르게 친구들의 가치관에 동화되기 시작했습니다. 그는 더 이상 교회 이야기를 꺼내지 않았고, 성경을 읽는 것도 줄었습니다. 그는 여전히 그리스도인이었지만, 이제는 가면을 쓰고 사는 신자가 되어버렸습니다.

루이스는 이처럼 "세속적 우정"이 신자의 영혼에 미치는 치명적인 영향을 사탄의 입을 빌려 설명합니다. 이 편지는 그저 한 마귀의 교활한 조언이 아닙니다. 그것은 오늘날을 사는 우리에게 주는 경고이며, 은밀한 유혹의 실체를 드러내는 영적 해부도입니다.

1. 세속적 인간관계는 신앙의 방향을 바꾼다

"너는 그가 '세속적인, 영리한, 냉소적인 사람들'을 멋지다고 생각하게 만들어라." – 스크루테이프

스크루테이프는 조카 웜우드에게 이렇게 조언합니다.

"네 환자(신자)가 새롭게 사귄 친구들 – 냉소적이고, 세련되고, 기독교에 무관심한 이들과 가까워질수록, 그의 영혼은 우리 쪽으로 더 가까워질 것이다."

이 말은 우정 자체가 문제가 아니라, 우정의 기준이 "신앙"이 아니라 "세속적 멋"이 될 때, 그것이 치명적인 영적 함정이 된다는 것을 의미합니다.

속지 말라 악한 동무들은 선한 행실을 더럽히나니 **고전 15:33**

지혜로운 자와 동행하면 지혜를 얻고 미련한 자와 사귀면 해를 받느니라 **잠 13:20**

성경은 함께하는 사람이 누구인가에 따라 인생의 방향이 결정된다고 말씀합니다. 특히 신앙의 방향은 우리가 가까이하는 친구를 통해 드러납니다. 바울은 명확히 경고합니다. 관계는 단지 중립적인 것이 아니라 방향성을 가지며, 우리의 행동과 믿음에 지대한 영향을 끼친다고 말합니다.

한 대학생이 크리스천 동아리에서 열심히 활동하다가, 유명 정치학 교수의 세미나에 참가하면서 생각이 바뀌기 시작했습니다. 그는 점점 그리스도의 복음보다는 '사람이 만든 정의'와 '진보적 가치'에 끌리게 되었습니다. 신앙은 그저 '사적인 영역'으로 밀려났고, 결국 그는 '내 신앙은 나만의 것이야'라며 공동체를 떠났습니다. 사막에서 나침반을 잃은 자는 어느 방향으로 가야 할지 모르고, 함께 걷는 사람을 따라가게 됩니다. 그 사람이 '지적이고 매력적인 동료'라면, 더 쉽게 그를 따르게 되지요. 그러나 그가 사막의 중심으로 이끈다면? 결국 길을 잃고 마는 것입니다.

관계는 마치 두 배가 서로를 끌어당기는 자석과 같습니다. 자석이 서로 끌릴 때, 그 방향이 어디로 향하느냐에 따라 결과가 전혀 다릅니다. 세속적 우정은 우리를 바르게 세우는 자석이 아니라, 영적 방향을 틀어버리는 강력한 왜곡력입니다.

2. 가면을 오래 쓰면 진짜 얼굴이 사라진다

"그가 그 친구들과 있을 때는 가능한 한 그 친구들처럼 행동하게 하라. 그의 교회 친구들과 있을 때는 또 그렇게 하게 하라." - 스크루테이프

신자가 세속 친구들과의 분위기 속에서 믿음을 숨기고 조롱에 동조하게 되면, 점점 자신도 모르게 그 세계에 물들게 됩니다. 결국, "그가 되려고 가장한 그 모습"이 그 사람 자체가 되는 것입니다.

"모든 인간은 자기가 가장하고 있는 모습으로 점차 변화하게 되는 경향이 있다." (All mortals tend to turn into the thing they are pretending to be.)

사탄은 이중적인 삶을 장려합니다. '이중성'double life은 결국 신자의 정체성을 분열시키고, 자신이 누구인지를 잃게 만듭니다. 신앙을 '상황에 맞춰 숨길 수 있는 것'으로 만들면, 결국에는 자신도 그것이 정말 가치 있는 것인지 의문을 갖게 됩니다.

한 사람이 두 주인을 섬기지 못할 것이니... 너희가 하나님과 재물을 겸하여 섬기지 못하느니라 마 6:24

예수님은 분명히 말씀하셨습니다. 신앙은 선택이며, 동시에 분명한 소속의 문제입니다. 가면을 쓴 신자는 결국 영적 이중성을 견디지 못하고 무너지고 맙니다. 한 직장인이 주일에는 교회에서 찬양 인도를 하고, 평일에는 회사에서 거친 말과 음담패설에 참여합니다. 그는 스스로를 "균형 잡힌 신자"라 생각했지만, 사실은 "영적 분열자"였습니다. 어느 날, 그의 자녀가 말합니다. 그의 가면을 벗기는 순간이었습니다.

"아빠, 교회에서의 모습이랑 집에서의 모습이 너무 달라."

가면 무도회에서는 누구나 원하는 얼굴을 쓸 수 있습니다. 그러나 무도회가 끝나면 현실로 돌아와야 합니다. 문제는 가면을 너무 오래 쓰면, 자신이 원래 어떤 얼굴이었는지를 잊게 된다는 데 있습니다. 우리의 신앙도 마찬가지입니다. '신자 행세'를 오래 하다 보면, 진짜 '신앙인'이었던 자아는 사라집니다.

겉으로는 신자, 속으로는 세상을 따르는 자는 결국 양쪽 다 잃게 됩니다.

3. 진리를 부끄러워하는 순간, 마귀가 웃는다

"그가 친구들에게 자신이 기독교인이라는 것을 말하지 않게 만들어라. 그것을 부끄러워하게 하라." - **스크루테이프**

사탄은 "신앙 고백의 침묵"을 마귀의 승리로 여깁니다. 신자가 신앙을 부끄러워하고, 복음을 숨기기 시작하면, 마귀는 박수를 칩니다. 왜냐하면 그 순간부터 신자의 삶은 힘을 잃고, 세상과 타협하기 시작하기 때문입니다. 저자는 신자가 "복음을 전하기 위해 그들과 어울린다"고 스스로 정당화하면서, 실은 아무 영향력도 행사하지 못하고 오히려 자신이 영향을 받는 현실을 지적합니다. 복음을 숨기는 행위는 중립이 아니라 마귀의 전략입니다.

누구든지 사람 앞에서 나를 시인하면 나도 하늘에 계신 내 아버지 앞에서 그를 시인할 것이요 마 10:32

예수님은 진리를 부끄러워하지 말라고 단호하게 말씀하십니다. 고백은 신자의 정체성을 지키는 생명선이며, 복음의 통로입니다. 직장 회식 자리에서 한 크리스천이 "기도하고 밥 먹는 것은 촌스러운 일"이라는 말을 듣습니다. 그는 순간 움찔하며, 기도하지 않고 술잔을 들었습니다. 그날 밤 그는 침대에서 하나님께 회개하며 이렇게 말했습니다.

"주님, 제가 주님을 부끄러워했어요. 다시는 그러지 않겠습니다."

복음은 마치 등불과 같습니다. 어두운 방에서 등불을 숨기면, 어두움의 지배를 받습니다. 신자가 복음을 숨기는 순간, 그 주변의 어둠은 더욱 짙어집니다. 우리가 복음을 고백할 때, 등불은 비로소 타오르며 어둠을 물리칩니다.

가면을 벗고, 진실한 제자로

처음엔 그저 함께 웃고 말하는 데 불과하지만, 곧 "신앙을 드러내기보다는 침묵이 편하다"는 유혹이 시작되고, 이어 "나는 그들 속에서도 복음을 전할 수 있어"라는 자기기만에 빠지게 됩니다. 그러나 루이스는 단호히 경고합니다. 모든 인간은 자기가 흉내 내는 모습으로 결국 변화하게 된다는 것입니다. 이중적 삶 즉, 신앙인으로서의 얼굴과 세상 속 가면을 동시에 쓰는 삶은 결국 진정한 자아를 분열시키며, 하나님 앞에서 조차 진실된 회개와 친밀한 교제를 방해하게 됩니다. 마귀는 이러한 틈을 노려 "너는 아직 신자야"라는 안도감 속에 타협을 길게 연장시킵니다. 그 결과, 신자는 진리에 반응하지 않는 둔감한 양심, 겉으로만 신앙을 유지하는 메마른 신자가 되어버립니다.

신앙은 감추는 것이 아니라 고백하는 것이며, 가면을 쓰고 사는 그리스도인이 아니라 진실하게 빛을 드러내는 제자로 살아가야 합니다. 지금 내 안의 '이중성'을 분별하고, 주 앞에 내려놓는 결단이 필요한 때입니다. 세상의 인정보다, 하나님의 기쁨을 선택하십시오. 진리는 침묵이 아니라, 용기를 통해 자라납니다.

우리는 이 마귀의 계략을 분별하고, 다음과 같이 결단해야 합니다. 관계의 기준은 인기나 세련됨이 아니라, 진리와 믿음이어야 합니다. 가면을 벗고, 어디서든 신앙의 일관성을 지켜야 합니다. 복음을 부끄러워하지 말고, 담대히 고백하는 삶을 살아야 합니다.

나눔

1. 나는 지금 어떤 관계가 나의 신앙에 영향을 끼치고 있습니까?

2. 내 삶 속에 "가면을 쓴" 신앙은 없습니까?

3. 복음을 부끄러워하지 않고 담대히 고백할 수 있는 삶의 자리에서 나는 침묵하고 있지는 않습니까?

스크루테이프의 편지 11

아무 일도
일어나지 않아 보이는
유혹

조용히 죽어가는 신앙 : 사탄의 가장 정교한 덫

어떤 청년이 있었습니다. 그는 과거에 큰 죄를 지었지만, 그 후 회개하고 성경을 읽고, 예배와 기도에 열심을 냈습니다. 그러나 시간이 지나며 그는 점점 바빠졌고, 친구들과의 시간, 일상의 스트레스, 작은 즐거움들이 하나님과의 친밀함을 서서히 갉아먹기 시작했습니다. 처음에는 기도를 놓친 날이 불편했지만, 점점 익숙해졌고, 성경을 안 읽는 날이 반복되면서도 전혀 이상함을 느끼지 못했습니다. 그는 '여전히 착한 사람'이었고, '큰 죄를 짓지 않았습니다.' 그러나 그는 지옥의 문턱에 가까워지고 있었습니다.

사탄은 그리스도인을 무너뜨리기 위해 때로는 폭력적인 유혹을 사용하지만, 더욱 효과적인 방식은 아무 일도 일어나지 않도록 만드는 것입니다. 그는 영혼이 '천천히', '조용히' 미끄러져 가게 만드는 것을 선호합니다. 이것은 마치 시동이 꺼진 차를 경사면에 주차해 놓고, 브레이크도 채우지 않은 채 그냥 두는 것과 같습니다. 처음에는 차가 미세하게 움직이는 것이 느껴지지 않지만, 어느 순간 뒤돌아보면 도로 아래로 멀리 굴러가고 있습니다.

1. 하나님을 의식하지 않게 하라 – "무관심으로 조여오는 덫"

스크루테이프는 조카 웜우드에게 말합니다.

"너의 환자는 아직 기도도 하고 교회도 다니지만, 예전처럼 하나님을 '의식'하지 않고 있다. 아주 잘하고 있다."

여기서 루이스는 신앙의 핵심이 '하나님에 대한 민감함'임을 보여줍니다. 사탄은 우리가 하나님을 '직접 거부'하지 않더라도, 그분을 '의식하지 않도록' 만들 수만 있다면 영혼은 자연히 어두워진다는 것을 잘 알고 있습니다.

그러나 너를 책망할 것이 있나니 너의 처음 사랑을 버렸느니라 **계 2:4**

에베소 교회는 열심도 있었고, 진리도 수호했지만 하나님과의 사랑의 '의식'은 사라졌습니다. 그리고 그 상태야말로 사탄이 가장 바라는 상태입니다.

한 권사님이 계셨습니다. 매일 아침 기도하며 눈물로 하나님을 찾던 분입니다. 그러나 자녀의 진학 문제로 바빠지면서 기도 시간이 줄고, 아침 말씀 묵상이 끊기기 시작했습니다. 어느 날부터인가 그는 자신이 하나님과 전혀 대화하지 않고 있다는 사실조차 인식하지 못했습니다. '여전히 교회를 다닌다'는 이유로, 그는 무감각 속에 빠져들고 있었습니다.

경건의 모양은 있으나 경건의 능력은 부인하니 이같은 자들에게서 네가 돌아서라 **딤후 3:5**

하나님과의 실제 교제가 끊어진 채 '종교적 껍데기'만 남은 상태는 사탄이 가장 선호하는 상태입니다.

2. 조금씩, 조용히 멀어지게 하라 – "경사 없는 지옥의 길"

사탄은 말합니다.

"환자가 자신이 신앙적으로 무너지고 있다는 명확한 자각을 갖게 하지 말고, 그냥 모호한 불편함만 느끼게 하라. 그렇게만 유지되면 그는 절대 회개하지 않을 것이다."

이 구절은 『스크루테이프의 편지』 전체에서 가장 유명한 구절 중 하나입니다. 사탄은 우리에게 큰 죄를 짓게 하지 않아도 만족합니다. 그저 조금씩, 아무도 모르게, '영적 거리'를 벌리는 것으로도 충분합니다. 즉, 죄책감을 느끼되 명확한 자각 없이, 그냥 "요즘 신앙이 좀 안 좋은 것 같아" 정도로만 느끼게 하라는 것입니다. 명확한 회개는 정면돌파이지만, 모호한 불편함은 피하기 쉬우며 회개의 길을 차단합니다.

자동차 타이어에서 바람이 빠질 때 큰 소리가 나지 않습니다. 아주 서서히, 조용히, 눈치채지 못하게 공기가 샙니다. 그러나 그 상태로 계속 달리면, 결국 큰 사고로 이

어집니다. 신앙도 그렇습니다. '하루 기도 안 해도 괜찮겠지', '오늘은 성경 읽을 시간 없네'라는 작은 틈들이 쌓이면, 결국 우리는 영적으로 붕괴하게 됩니다.

> 그러므로 우리는 들은 것에 더욱 유념함으로 우리가 흘러 떠내려 가지 않도록 함이 마땅하니라 **히 2:1**

'흘러 떠내려간다'라는 표현은 급격한 배교가 아니라, 점진적이고 무감각한 이탈을 가리킵니다. 스스로는 전혀 느끼지 못하지만, 실제로는 점점 하나님과 멀어지고 있는 상태입니다. 한 가정이 있었습니다. 부모는 매주 예배에 참석했지만, 자녀는 점점 교회를 멀리하게 되었습니다. 특별한 계기나 상처가 있었던 것도 아니었습니다. 단지, 부모가 신앙을 '열정'이 아니라 '형식'으로 살았고, 아이는 점점 그 공허함을 느끼게 되었던 것입니다. 결국 그 자녀는 성인이 된 후, "교회는 따분해. 아무 의미 없어."라고 말하며 신앙을 떠났습니다. 이것은 마치 건강검진에서 이상 수치를 발견했는데도 "이 정도면 괜찮겠지" 하고 넘어가는 것과 같습니다. 실제 병이 점점 자라고 있는데도, 뚜렷한 통증이 없다는 이유로 병원에 가지 않는 사람처럼,

신앙의 병은 조용히 진행됩니다.

> 형제들아 너희는 삼가 혹 너희 중에 누가 믿지 아니하는 악한 마음을 품고 살아계신 하나님에게서 떨어질까 조심할 것이요... 오늘이라 일컫는 동안에 매일 피차 권면하여 너희 중에 누구든지 죄의 유혹으로 완고하게 되지 않도록 하라 **히 3:12,13**

정확한 자각 없이 '감각의 무뎌짐'으로 살아가는 것은 결국 심령의 죽음을 의미합니다.

3. 자각 없이 죽게 하라 - "영혼을 마취시키는 전략"

사탄은 매우 섬뜩한 말을 합니다.

"그가 자기가 하나님에게서 멀어지고 있다는 것을 '느끼지 않도록'만 해라. 그러면 그는 우리의 것이 된다."

이는 사탄이 궁극적으로 바라는 상태입니다. 회개하지 않는 상태가 아니라, 회개할 필요조차 느끼지 않는 상태. 죄책감을 잃은 상태. 무감각한 상태. 이것이야말로 영혼의 죽음입니다. 사탄은 말합니다.

"이제는 그에게 유혹할 대단한 쾌락조차 필요 없다. 어제 신문 광고나 불 꺼진 방 안에서의 멍한 시간도 충분하다."

이 대목은 전율할 만큼 무섭습니다. 사탄은 우리가 적극적으로 죄를 짓지 않아도, 아무것도 하지 않도록 만드는 것만으로도 충분히 기뻐합니다. 아무 결단도 하지 않고, 아무 사명도 붙잡지 않고, 그저 시간을 흘려보내는 영혼. 이 상태는 이미 '죽어 있는 신앙'입니다. 이는 마치 시계태엽이 멈춘 벽시계처럼, 여전히 벽에 걸려 있지만 전혀 제 역할을 못 하는 상태입니다. 사탄은 영혼을 망가뜨리는 데 큰 수고조차 들이지 않습니다. 단지 "그냥 가만히 있으라"고 속삭일 뿐입니다.

> 그런즉 너희가 어떻게 행할 것을 자세히 주의하여 지혜 없는 자 같이 하지 말고 오직 지혜 있는 자 같이 하여 세월을 아끼라 때가 악하니라 엡 5:15,16

천천히, 조용히, 완벽하게 무너지는 신앙

스크루테이프는 웜우드에게 환자를 '그대로 두는 것'이 최고의 전략이라고 말합니다. 죄책감도 느끼지 않게 하고, 회개할 일도 없어 보이게 하고, 영혼이 죽어가는지도 모르게 '조용히' 멀어지게 만드는 것. 이것이 사탄이 가장 선호하는 방식입니다. "아무 일도 일어나지 않도록 유도하라"고 조언합니다. 기도도 하고, 교회도 다니고, 찬양도 부르지만, 모든 것이 형식이 되게 하라는 것입니다.

하나님을 향한 마음은 멀어졌지만 자신은 여전히 '신앙인'이라 착각하도록 만들라는 것입니다. 지옥으로 가는 길은 종종 경고판 없이, 조용히 열려 있습니다. 사탄은 큰 죄보다 '무관심'과 '무기력'을 더 즐깁니다. 회개는 모호한 죄책감이 아니라, 분명한 자각과 결단에서 출발합니다.

사랑하는 여러분, 지금 여러분의 마음은 하나님께 민감하십니까? 혹시 '난 큰 죄를 짓지 않았으니까 괜찮다'며 안일하게 지내고 계시진 않습니까? 사탄은 우리를 갑자기 지옥으로 밀어넣지 않습니다. 단지 '아무 일도 일어나지 않도록' 만들며, 천천히, 그러나 확실하게 끌고 갑니다.

나눔

1. 나는 최근 하나님과 얼마나 깊은 대화를 나누고 있습니까?

2. 나의 삶에는 조용한 타협이 반복되고 있지 않습니까?

3. 지금 이 순간, 내 영혼은 살아 있습니까, 마비되어 있습니까?

스크루테이프의 편지 12

잃어버린 회복의 기회에 대하여 : 마귀가 가장 두려워하는 순간

회개 한 줄이 무너뜨린 지옥의 전략

사탄은 급박하고 분노에 찬 어조로 "환자"가 교회에 가서 "진짜 회개와 용서"의 은혜를 다시 경험하고 있다는 사실에 크게 실망합니다. 회개란 마귀에게 있어 회심만큼이나 치명적인 '손실'이기 때문입니다. 따라서 이 편지는 기독교인의 삶에서 '회복의 복음'이 얼마나 중요한지를 다시 깨닫게 해줍니다.

1. 회개는 마귀의 계산을 무너뜨리는 하나님의 반격이다

사탄은 편지 첫머리에서 놀라움을 감추지 않습니다. "네가 어찌하여 이토록 단순한 실수를 저질렀는가?" 환자가 교회에 가서 "책임 있는 기도"를 했고, "이전보다 더 진지하게" 하나님의 임재를 느꼈다는 것입니다. 마귀의 작전은 인간을 "회개하지 않는 불편한 상태"에 오래 머물게 만드는 것이지만, 진짜 회개는 그 모든 계획을 무산시킵니다. 마귀가 영혼을 자기 편으로 끌어들이기 위해 정교하게 쌓아 올린 '마음의 감옥'이 있습니다. 그런데 회개의 기도는 그 감옥 문을 안에서 열 수 있는 유일한 열쇠입니다. 아무리 견고하게 닫혀 있어도, 자백하고 돌이키는 기도 한 줄이면 그 문은 활짝 열립니다.

만일 우리가 우리 죄를 자백하면 그는 미쁘시고 의로우사 우리 죄를 사하시며 모든 불의에서 우리를 깨끗하게 하실 것이요 **요일 1:9**

한 청년이 신앙을 떠났습니다. 술과 향락, 분노 속에서 방황하던 어느 날, 어릴 적 친구의 초청으로 예배에 참석하게 되었습니다. 그는 눈물을 흘리며 기도했고, 자신이 돌아가야 할 자리를 깨달았습니다. 그 순간부터 그는 모든 것을 다시 시작했습니다. 어쩌면 그의 삶은 계속 실패처럼 보였지만, 그날 이후 그는 더 이상 지옥의 포로가 아니었습니다.

회개는 마귀가 조심스럽게 조립해 놓은 도미노 탑을 맨 아래에서부터 치는 것입니다. 상층부가 아무리 정교하고 위엄 있어 보여도, 아래 하나가 무너지면 전체가 무너집니다. 진심 어린 회개는 단순한 감정의 폭발이 아닙니다. 그것은 마귀의 전략을 일시에 붕괴시키는 하나님의 반격입니다. 마귀는 이 순간을 극도로 싫어하고 두려워합니다. 왜냐하면 '은혜를 되찾은 자'는 '사망에서 부활한 자'이기 때문입니다.

2. 평범함 속에 하나님의 임재가 있다

사탄은 분노합니다. "그가 교회에 앉아 느낀 그 '느낌'은 지극히 평범했지만, 그것이 바로 적(하나님)의 임재였다!" 마귀는 인간이 종교적 감정이나 찬란한 체험에만 집착하도록 유도하지만, 하나님의 은혜는 때로는 "지루하고 평범한 예배당의 목재 의자 위"에 임하십니다. 사람들은 하나님의 임재를 '천둥번개'처럼 극적인 체험에서만 찾습니다. 그러나 하나님은 종종 "햇살 속의 정적", "교회의 나무 의자에 흐르는 땀방울", "말없이 드리는 눈물의 기도" 속에서 임하십니다. 마귀는 우리에게 그 순간을 하찮게 여기도록 유도하지만, 바로 그 자리가 하늘의 통로입니다.

> 주의 인자하심이 생명보다 나으므로 내 입술이 주를 찬양할 것이라 시 63:3

한 노인은 매일 아침 같은 시간에 교회에 들어와 같은 자리에 앉아 조용히 앉아 있다가 나갔습니다. 어떤 청년이 물었습니다.

"할아버지, 뭘 그렇게 오래 기도하세요?"

그는 웃으며 말했습니다.

"기도하지 않아요. 주님을 뵈러 왔다가, 주님께서 나를 뵈러 오시는 걸 느끼고 그냥 같이 앉아 있지요."

하나님의 임재는 종종 번쩍이는 번개가 아니라, 촛불처럼 잔잔하고 꾸준하게 다가옵니다. 우리 눈에 화려해 보이지 않지만, 그 따뜻한 불빛 하나가 마귀의 어둠을 몰아

냅니다. 하나님의 임재는 특별한 상황에서만 오는 것이 아니라, 가장 일상적인 순간 속에 가장 신성하게 스며듭니다. 마귀는 우리가 그 임재의 평범함을 과소평가하도록 만듭니다. 그러나 그 평범함 속에 하나님의 무한한 은혜가 흐르고 있습니다.

3. 마귀는 정욕이 아니라 습관 속에서 유혹한다

스크루테이프는 조카 마귀에게 새로운 전략을 조언합니다. 이제 강한 유혹이나 논쟁보다, "편안함과 습관화된 종교생활"을 이용하여 다시 환자를 잠들게 하라는 것입니다. 그러한 무감각함과 습관적 신앙이야말로 영혼을 가장 조용히 무너뜨리는 도구라는 것입니다.

바닷물을 퍼붓는 파도보다, 선박에 새어 들어오는 조그만 균열이 더 위험합니다. 한두 방울은 별것 없어 보여도, 어느 날 갑자기 배를 가라앉힙니다. 마귀는 이제 극적인 죄를 유도하지 않습니다. 대신 "오늘 기도는 쉬자", "성경은 내일부터" 같은 부드러운 말로 영혼을 마비시킵니다.

> 지극히 작은 것에 충성된 자는 큰 것에도 충성되고 지극히 작은 것에 불의한 자는 큰 것에도 불의하니라 눅 16:10

어느 그리스도인은 매일 아침 묵상과 기도로 하루를 시작했습니다. 하지만 어느 날 아침, "오늘은 좀 피곤하니 내일 하지 뭐"라는 생각이 들었고, 그 하루가 이틀이 되고, 결국 몇 달간의 침체로 이어졌습니다. 결국 그는 다시 정신을 차리고 주님 앞에 엎드렸습니다. 그리고 이렇게 고백했습니다.

"저를 무너뜨린 건 큰 죄가 아니라, 기도의 자리를 떠난 하루였습니다."

마귀는 우리 삶의 틈을 노립니다. 기도의 자리, 예배의 시간, 말씀의 습관을 '잠깐' 포기하게 한 다음, 거기서 영혼이 무너지기 시작합니다. 마귀는 우리가 뜨거운 죄를 지을 기회를 만들기보다, 작은 신앙의 습관을 놓치게 만듭니다. 그러므로 복음 안에서 다시 회복된 성도는 '거룩한 반복'의 은혜 안에 머물러야 합니다. 그것이 우리가 은혜 안에 거하는 실제적인 방법입니다.

회개는 끝이 아니라 새 출발이다

마귀는 우리가 회개할까 두려워하고, 회개 이후에 다시 은혜로 살아갈까 봐 두려워합니다. 그러나 하나님의 은혜는 다시 시작하는 자를 결코 부끄럽게 하지 않으십니다. 오늘 주님께 다시 나아가는 모든 걸음, 그 평범한 예배의 자리 하나하나가 지옥의 문을 닫고 하늘의 문을 여는 '영적 대반전'입니다.

나눔

1. 나는 지금 어떤 이유로 주님과의 관계에서 멀어져 있습니까?

2. 내 삶에서 마귀가 틈을 노리고 있는 '작은 습관의 빈틈'은 무엇입니까?

3. 나는 지금 회개하고 있습니까, 혹은 회개를 미루고 있습니까?

마무리

1. 조용히, 그러나 치명적으로 죽어가는 영혼에 대한 보고서

우리는 신앙을 이야기할 때 '거룩'과 '죄'를 대립시키곤 합니다. 그러나 루이스는 다르게 봅니다. 그는 『스크루테이프의 편지』를 통해 말합니다.

"사탄은 반드시 사람을 타락시키지 않아도 됩니다. 그는 다만 하나님을 기억하지 못하게 만들면 그걸로 충분합니다."

우리는 너무 '눈에 띄는 죄'만 경계합니다. 하지만 영혼을 무너뜨리는 진짜 무기는 언제나 조용히, 반복적으로, 일상적으로 스며듭니다. 루이스는 이 위험을 가리켜 이렇게 묘사합니다.

"지옥으로 가는 길은 급격한 추락이 아니라, 조용하고

완만하며 부드러운 내리막길이다. 그 길엔 이정표도, 충격도 없다. 다만 계속되는 산만함과 무감각뿐이다."

그렇습니다. 이 시대의 영혼을 마비시키는 가장 강력한 무기는 '거대한 죄'가 아니라, '생각 없음'입니다. 하나님을 잊은 것이 아니라, 그분을 생각할 겨를조차 없게 만든 삶의 구조 – 이것이야말로 스크루테이프가 오늘도 우리 영혼에 들이미는 칼입니다. 예배를 드리면서도 스마트폰을 확인하고, 기도를 하면서도 마음속에 사람을 비난하고, 교회를 다니면서도 교회 안의 사람만 바라보는 것 – 이 모든 것은 마귀가 원하는 이상적인 신앙 구조입니다.

우리는 "하나님이 멀리 계신 것 같다"고 말합니다. 그러나 사실은 우리가 하나님을 멀리한 것입니다. 그분이 부재하신 것이 아니라, 우리가 그분을 기억하지 못한 것입니다. 신앙의 실패는 대개 '무너지지 않기 위해 애쓰지 않은 것'이 아니라, '무너지고 있는 줄도 몰랐던 무감각' 때문입니다.

스크루테이프는 말합니다.

"논쟁하지 마라. 점심 생각이나 던져 줘라." "그가 기도하되, 정죄와 비판으로 기도하게 하라." "그가 교회에 다니게 하되, 실망과 냉소 속에서 예배하게 하라."

루이스는 우리에게 묻습니다.

"당신은 지금 어디를 향하고 있습니까? 당신은 지금 깨어 있습니까? 아니면 익숙함과 분주함 속에서 천천히 죽어가고 있습니까?"

신앙은 단지 교회에 다니는 것, 말씀을 듣는 것, 기도 시간을 확보하는 것이 아닙니다. 진짜 신앙은 지금 이 순간, 하나님의 실재 앞에 내가 서 있다는 사실을 인식하는 것입니다. 하나님은 멀리 계시지 않습니다. 그분은 오늘도 말씀하십니다. 그러나 우리는 매일 그분의 음성을 다른 소리로 덮고 살아갑니다. 하나님은 오늘도 우리 곁에 계십니다. 그러나 우리는 누군가를 향한 미움, 뉴스 속 사건, 사람의 표정, 삶의 피곤함 속에 그분의 임재를 잊고 살아갑니다. 스크루테이프는 냉소를 심습니다. 그리고 우리로 하여금 사람만 보게 하고, 말투만 느끼게 하고, 중심은 보지 못하게 만듭니다. 심지어 기도마저도 교묘히 왜곡시킵니다. 그 기도가 사랑이 아니라 판단이 되게 하고, 하나님을 바라보는 것이 아니라, 타인을 비판하는 데 사용되게 합니다. 그래서 우리는 기도하면서도 교만해지고, 예배하면서도 사랑을 잃습니다.

스크루테이프는 말합니다.

"기도하게 하라. 그러나 하나님이 들으신다는 사실을 잊게 하라. 그러면 그 기도는 독백일 뿐이다."

이 얼마나 정교한 전략입니까. 사탄은 더 이상 사탄처럼 행동하지 않습니다. 그는 너무도 일상적이고, 현실적인 모습으로 나타납니다.

"너무 피곤하잖아, 내일 말씀 봐."
"지금은 감정이 상했잖아, 기도는 나중에."
"사람들이 그 모양인데, 뭘 더 기대해?"

그리고 그렇게 한 주가 지나고, 한 달이 지나고, 한 해가 지나도, 우리는 여전히 "나는 교회 다니고 있어"라는 안도감 속에 서서히 식어갑니다. 루이스는 우리가 스스로를 냉정하게 바라보도록 돕습니다.

- 당신은 오늘 하루, 하나님을 얼마나 자주 생각했습니까?
- 기도는 했지만, 실제 하나님과 대화하고 있습니까?
- 말씀을 들었지만, 그 말씀에 삶이 순종하고 있습니까?

정말 중요한 것은, 지금 깨어 있는가입니다.

근신하라 깨어라 너희 대적 마귀가 우는 사자 같이 두루 다니며 삼킬 자를 찾나니 벧전 5:8

이 말씀은 우리에게 외칩니다. "신앙은 자동으로 굴러가지 않는다. 깨어 있지 않으면, 무감각이 영혼을 잠식한다." 그러므로 이제 우리는 결단해야 합니다. 단지 죄를 피하는 것이 아니라, 하나님을 기억하는 삶으로 돌아가야 합니다. 말씀을 생각의 중심에 세우고, 기도를 하나님의 얼굴을 구하는 자리로 바꾸며, 예배를 형식이 아닌 임재의 사건으로 회복해야 합니다.

2. 영혼을 분산시키는 사탄의 전략

사탄이 원하는 것은 단순한 타락이 아닙니다. 오히려 그는 우리가 교회에 다니고, 기도하며, 예배하는 그 자리 안에 있기를 바랄지도 모릅니다. 다만, 하나님을 진실하게 대면하지 않도록 만드는 것이 그의 전략입니다. 그는 기도의 형식은 유지하게 하되, 그 기도가 하나님께 도달하지 않도록 조용히 차단합니다. 말씀을 들어도 말씀의 능력은 느껴지지 않고, 예배를 드려도 마음은 여전히 흩어져 있습니다. 이렇게 사탄은 '분산'이라는 방식으로 우리의 영혼을 무너뜨려 갑니다. 기도하면서도 하나님이 들으시는지 확신이 없고, 하나님 앞에 나아가고는 있지만 정작 그분의 얼굴을 구하고 있지 않는 상태, 바로 그것이 스크루테이프가 만들어내고자 하는 결과입니다.

악마는 인간이 하나님을 직접 향하지 못하게 하여, 기도가 자기감정이나 상상 속에 갇히도록 유도합니다. 인간은 기도한다고 말하지만 실제로는 자기 안에서 배회하는 말만 반복합니다. 기도는 대화가 아니라 혼잣말이 되고, 하나님은 인격적 대상이 아닌 관념 속 이미지로 축소됩니다. 이처럼 기도가 하나님과의 실제적 만남이 되지 못하게 만드는 것이야말로, 사탄이 가장 선호하는 상태입니다.

이러한 전략은 기도의 감각화로 이어집니다. 악마는 기도를 감정에 의존하게 하여, 감동이 없으면 기도의 효력이 없는 것처럼 느끼게 만듭니다. 성도는 '느껴지지 않음'을 '응답 없음'으로 오해하게 되고, 결국은 기도를 멈추게 됩니다. 그러나 하나님은 감정의 수준에서만 응답하시는 분이 아니십니다. 때로는 말 없는 침묵 속에서도, 응답이 없어 보이는 기다림 속에서도 여전히 역사하고 계십니다. 기도는 감정의 동요보다, 믿음의 지속이 본질입니다. 마귀는 그 믿음을 흔들고, 기도에 실패감을 느끼게 하여 점차 하나님을 멀게 여기게 만듭니다.

뿐만 아니라 사탄은 기도의 형식에 집중하게 하여 본질을 흐립니다. '어떻게 기도해야 하는가', '어떤 자세가 가장 경건한가', '누구처럼 유창하게 말해야 하는가' 등의 질문에 빠지게 하여 기도를 어려운 행위로 느끼게 만듭니다. 그 결과, 기도는 점점 부담스러운 일이 되고, 영혼은 하나님의 임재 앞에서 자유롭게 나아가지 못한 채 머뭇거리게 됩니다. 그러나 하나님께서는 기도의 자세보다 마음의 진실함을 원하시며, 유창한 말보다 정직한 고백을 기뻐하십니다.

스크루테이프는 전쟁이라는 상황이 인간의 삶을 혼란스럽게 할 것이라 기대하며 기뻐합니다. 그러나 그는 곧 경고합니다. 전쟁은 오히려 인간을 죽음과 영원의 실체 앞에 세움으로써 하나님께 돌아가게 할 수 있기 때문입니다. 고난은 인간의 껍질을 깨뜨리고, 본질을 보게 합니다. 죽음을 목전에 둔 자는 신을 더 진지하게 생각하게 됩니다. 그래서 사탄은 전쟁이라는 상황 속에서 고통이 단순한 절망으로만 머물도록 유도합니다. 그러나 하나님께서는 그 고통 속에서도 사람을 부르시고, 죽음조차도 새로운 삶의 문으로 삼으십니다.

전쟁과 죽음의 공포는 인간의 한계를 각성시킵니다. 평화로운 시기에는 잘 들리지 않던 하나님의 음성이, 고통과 혼란 가운데서는 더욱 또렷이 들릴 수 있습니다. 사탄은 이러한 영혼의 각성을 두려워하며, 오히려 전쟁 중에도 사람들을 산만하게 만들고 세속적인 염려에만 빠지게 하려 합니다. 그러나 하나님은 죽음조차도 자신의 구속사적 계획 안에서 사용하십니다. 믿음 안의 죽음은 사탄에게 재앙입니다. 왜냐하면 그것은 '준비된 죽음'이기 때문입니다. 하나님의 은혜 가운데 있는 자는 고난 속에서도 무너지지 않고, 오히려 그 속에서 하나님을 더 깊이 만납니다.

사탄은 인간의 시선을 '현재'가 아닌 '미래'로 돌리려 합니다. 그는 '아직 오지 않은 고통'을 상상하게 하여, '지금'의 은혜를 보지 못하게 만듭니다. '불안'은 마귀의 강력한 무기입니다. 그것은 실제로 존재하지 않는 문제에 대해 생각하고, 상상하고, 걱정하게 만듭니다. 그러나 이러한 불안은 영혼을 무기력하게 만들고, 현재의 순종을 지연시킵니다. 사탄은 '내일'이라는 안개 속에 인간을 묶어 두고, '오늘' 하나님과 동행할 수 없게 만듭니다.

불안은 기도를 흐리게 만들고, 순종을 멈추게 하며, 사람의 감정을 지배하게 합니다. 그러나 하나님은 '지금 이 자리에서' 우리와 함께하시며, '오늘의 고통'을 감당할 수 있는 은혜를 주십니다. 성경은 "내일 일을 염려하지 말라"고 분명히 말합니다. 그 말씀은 현실 도피가 아닌, '지금 여기에 계신 하나님'을 바라보라는 초대입니다. 사탄은 우리가 미래를 대비하느라 현재를 잃어버리도록 유도하지만, 하나님은 언제나 '지금' 우리의 마음을 원하십니다.

스크루테이프는 인간의 영혼이 복음보다 정치에 집중하게 만들라고 조언합니다. 그는 말합니다.

"그가 복음을 따르는 것이 아니라, 정치적 진영을 따르게 하라."

신앙은 도구로 전락하고, 정치는 인생의 중심이 됩니다. 그 결과, 복음은 이념의 하위 개념으로 전락하고, 교회는 정당의 논리로 분열됩니다. 사탄은 이를 적극적으로 장려합니다. 그는 말합니다.

"보이지 않는 사탄보다, 보이는 적을 미워하게 하라."

이처럼 정치적 당파성이 신앙의 중심이 되면, 복음은 왜곡됩니다. 예수님은 어느 정당에도 속하지 않으셨고, 어느 이념에도 얽매이지 않으셨습니다. 그분은 죄인을 부르러 오셨고, 진리를 선포하셨습니다. 그러나 사탄은 사람의 마음에 편을 가르고, 그 편이 복음보다 중요하다고 믿게 만듭니다. "너는 어느 편이냐?"는 질문이 "예수는 누구냐?"는 질문보다 먼저 오게 되는 것입니다. 이때 교회는 정체성을 잃고, 복음은 힘을 잃게 됩니다.

루이스는 우리에게 경고합니다. 교회가 정치적 입장에 따라 나뉘고, 복음보다 이념을 앞세운다면, 그것은 사탄이 가장 기뻐하는 결과입니다. 교회는 본질상 하나 됨의 공동체입니다. 복음은 국경을 초월하고, 인종과 계층을 뛰어넘으며, 어떤 정치 이념보다도 높은 권위를 가집니다. 그러나 사탄은 교회를 이념의 전쟁터로 만들고자 합니다. 그래서 그는 복음을 수단으로, 정치를 목적으로 삼게 만듭니다.

사탄의 주장은 하나의 일관된 흐름을 보여줍니다. 그것은 바로 '하나님을 향한 집중력의 해체'입니다. 기도 속 하나님은 상상 속 존재가 되고, 고난 중의 하나님은 멀게만 느껴지고, 불안은 하나님보다 크고 실제처럼 다가오며, 복음은 이념의 뒤로 밀려납니다. 이 모든 전략은 결국 하나를 향합니다. 하나님을 잊게 만드는 것입니다.

그러므로 오늘 우리는 우리의 영혼을 돌아보아야 합니다. 기도는 하고 있지만, 정말 하나님께 도달하고 있는가? 고난 속에서도 하나님을 바라보고 있는가? 불확실한 미래보다 '지금 여기' 계신 하나님을 신뢰하고 있는가? 복음이 나의 정치적 신념보다 더 깊이 자리 잡고 있는가?

하나님은 산만한 신앙인이 아니라, 깨어 있는 자녀를 찾고 계십니다. 지금 이 순간, 분산된 우리의 마음을 다시 하나님의 임재 앞으로 모아야 할 때입니다. 그분 앞에 집중할 때, 기도는 다시 생명을 얻게 될 것이며, 고난은 도리어 기회가 될 것이며, 불안은 믿음으로 이겨낼 수 있을 것이며, 교회는 복음 안에서 다시 하나 될 것입니다.

> 너는 마음을 다하고 뜻을 다하고 힘을 다하여 네 하나님 여호와를 사랑하라 신 6:5

3. 파도가 치는 그 순간, 하나님의 일하심

어느 겨울날, 한 아이가 어머니에게 묻습니다.

"엄마, 왜 나무는 죽은 것처럼 보여요?"

어머니는 웃으며 대답합니다.

"애야, 나무는 지금 죽은 게 아니야. 봄을 준비하고 있는 거란다."

우리는 신앙의 여정에서 "겨울"을 만납니다. 마음이 차갑고, 기도가 식고, 감정이 얼어붙는 계절. 그러나 루이스는 말합니다. 이 겨울이야말로 하나님이 우리를 빚는 시간이며, 신앙이 깊어지는 시간이라고. 스크루테이프는 한탄합니다.

"아무것도 느끼지 못하면서도 순종하는 인간이야말로, 우리의 전략이 가장 무력해지는 순간이다."

그렇습니다. 하나님이 안 보이는 바로 그 순간, 하나님은 우리를 더 깊이 다듬고 계십니다. 신앙은 직선이 아니라 파도입니다. 오르기도 하고 내리기도 합니다. 그러나 그 모든 흐름 속에 하나님의 손길이 있습니다. 파도는 하나님이 만드신 리듬입니다. 루이스는 말합니다.

"인간의 삶은 오르락내리락하는 파도처럼 설계되었다. 그것은 창조자의 작품이다."

파도는 위기이기 전에, '생명'의 증거입니다. 잔잔한 호수는 때로 썩지만, 파도치는 바다는 살아 있습니다.

신앙의 고조기, 예배 때 눈물이 흐르고, 하나님의 임재가 느껴질 때, 우리는 쉽게 "하나님이 살아 계시다"고 고백합니다. 그러나 저조기에는 말이 달라집니다. 말씀도 무미건조하고, 기도도 메아리만 돌아옵니다. "하나님, 어디 계십니까?"라는 탄식이 터져 나옵니다. 그러나 겨울에도 나무는 자라고 있습니다. 눈에 보이진 않지만, 뿌리는 땅속 깊은 곳으로 더 깊어지고 있습니다. 믿음의 저조기는 우리가 가장 깊이 자라는 시기입니다.

> 울 때가 있고 웃을 때가 있으며 슬퍼할 때가 있고 춤출 때가 있으며 전 3:4

하나님은 우리의 모든 계절을 사용하십니다. 기쁨도, 눈물도, 고요함도. 그 모든 것이 하나님의 손 안에 있습니다. 파도가 친다는 것은, 여전히 그분이 일하고 계신다는 증거입니다.

사탄은 "하강 곡선"을 절망으로 위장합니다. 스크루테이프는 말합니다.

"고조기는 우리에게 아무 소용이 없다. 인간이 하강 곡선에 있을 때야말로 우리가 일할 시간이다."

이 말은 얼마나 섬뜩한 진실을 드러냅니까? 신자의 감정이 식고, 영혼이 무뎌졌을 때, 마귀는 속삭입니다.

"하나님은 널 버리셨어."

"열심히 일했는데 남은 건 뭐니?"

"목사에게 실망했지, 거봐? 더 이상 그곳에 있지 마?"

"그렇게 열심히 기도했는데 뭐가 바뀌었니?"

이 말들이 마음속을 파고듭니다. 마치 어두운 터널을 지나는 기차 안에서, 밖이 영원히 어두울 것 같은 느낌. 그러나 기차는 멈추지 않습니다. 터널 끝에는 반드시 빛이 있습니다. 사탄은 이 하강 곡선을 "하나님의 부재"로 속입니다. 그러나 진실은 그 반대입니다. 하나님은 감정을 거두실 수는 있어도, 존재를 거두지 않으십니다. 마치 자전거를 배우는 아이에게 아버지가 잠시 손을 놓듯이, 하나님은 우리가 자립하도록 때로는 조용히 손을 거두십니다. 그러나 결코 곁을 떠나지 않으십니다. 이때 중요한 것은, "지금 이 감정이 나의 신앙 전체를 정의하지 않는다"는 믿음입니다. 눈에 보이는 현실이 영혼의 현실을 대변하지 않습니다. 하나님의 사랑은 감정이 아니라, 언약입니다.

회개의 한 줄이 지옥의 설계를 무너뜨립니다. 마귀는 분노합니다.

"그가 다시 교회에 나갔다. 책임 있는 기도를 했고, 이전보다 더 진지하게 임했다!"

회개는 마귀의 전략을 붕괴시키는 하나님의 반격입니다. 아무리 정교하게 쌓아 올린 죄책감, 무감각, 자기 합리화의 성벽이라도, 진심 어린 회개 한 줄이 그 모든 것을 무너뜨립니다. 회개는 인간의 힘이 아니라, 하나님의 은혜로 다시 시작하는 선언입니다.

... 지금은 은혜 받을 만한 때요 지금은 구원의 날이라 **고후 6:2**

지금, 이 순간, 다시 시작할 수 있습니다. 하나님의 임재는 큰 소리와 환상이 아니라, 때로는 지극히 평범한 일상 속에서 우리를 기다리십니다. 오래된 예배당, 눈물의 찬송, 울먹이는 기도 가운데, 하나님은 다시 우리를 만지십니다.

기차는 굴곡진 선로를 따라 목적지에 도착합니다. 신앙도 그렇습니다. 곧은 길이 아니라, 굽이치는 선로 속에서 우리는 연단받고 성숙해집니다. 겨울이 있다고 나무가 죽은 것이 아닙니다. 침묵이 있다고 하나님이 없는 것이 아닙니다. 신앙은 파도입니다. 올라가고 내려가는 리듬 속에서 하나님은 우리를 빚으십니다. 그리고 그 파도 위에 순종의 발을 내딛는 자, 보이지 않아도 걸어가는 자, 감정이 없어도(마음이 없어도) 믿음으로 나아가는 자를 하나님은 사용하십니다.

그러므로 사랑하는 여러분, 지금이 어떤 계절이든 낙심하지 마십시오. 하나님은 그 침묵 속에서도 말씀하고 계십니다. 그 감정의 저조 속에서도 역사하고 계십니다. 지금 이 순간, 당신이 느끼지 못해도, 하나님은 당신의 영혼을 빚고 계십니다.

> 근신하라 깨어라 너희 대적 마귀가 우는 사자 같이 두루 다니며 삼킬 자를 찾나니 **벧전 5:8**

> 우리의 씨름은 혈과 육을 상대하는 것이 아니요 통치자들과 권세들과 이 어두움의 세상 주관자들과 하늘에 있는 악의 영들을 상대함이라 **엡 6:12**

그런즉 너희는 하나님께 복종할지어다 마귀를 대적하라 그리하면 너희를 피하리라 **약 4:7**

이는 우리로 사탄에게 속지 않게 하려 함이라 우리는 그 계책을 알지 못하는 바가 아니로라 **고후 2:11**

내 양은 내 음성을 들으며 나는 그들을 알며 그들은 나를 따르느니라 내가 그들에게 영생을 주노니 영원히 멸망하지 아니할 것이요 또 그들을 내 손에서 빼앗을 자가 없느니라 **요 10:27,28**

구본승의 시가 떠오릅니다.

오래 흔들렸으므로 너는 아름답다
오래 서러웠으므로 너는 아름답다
오래 목말랐으므로 너는 아름답다

나눔

1. 나는 지금 신앙의 고조기에 있는가, 저조기에 있는가? 그 속에서 하나님은 나에게 무엇을 말씀하고 계시는가?

2. 감정이 식은 지금, 나는 어떤 결단으로 믿음을 지키고 있는가?

3. 내 삶 속에 "잠깐 쉬자"는 유혹이 반복되는 자리는 어디인가? 그 자리를 어떻게 다시 거룩한 습관으로 회복할 수 있는가?

memo

지은이 | 황영식 목사

황영식 목사는 빛으로교회 담임목사이자 Grace & Hands Network 대표, FWIA INTERNATIONAL 사무총장, Faith & Work 재단 이사로 섬기고 있다.

그는 침례신학대학교 학부와 대학원을 졸업하고 교회사, 교리사, 청교도 사상사, 부흥의 역사, 신학영어 등을 강의했으며, 외국어교육원에서 TOEFL과 TOEIC 강의를 했으며, 강남중앙침례교회 청년 및 교구 사역을 비롯해 방송·강의 사역에도 힘써 왔다. 극동방송 「교회사 이야기」, 「Christian Life」, 「종교개혁사」 특강과 월간 뱁티스트 편집위원(2004~2010)으로 활동하며 교회의 역사와 신학을 알리는 일에 헌신하였다.

저서로는 『조나단 에드워즈의 참된 부흥』, 『그리스도 안에 새 생명』, 『Jesus Story』, 『Gospel School』, 『청지기의 삶』 등이 있으며, 역서로는 『십계명』, 『영적 침체』, 『Baptist Theologians』 등이 있다. 또한 다수의 세미나를 통해 한국 교회의 신학적 성숙과 목회의 본질 회복을 위해 연구와 집필을 이어가고 있다.